MARQUIS de GIRARDIN

LES PREMIÈRES ÉDITIONS ILLUSTRÉES

DES

FABLES DE LA FONTAINE

DE 1668 A 1725

PARIS
LIBRAIRIE HENRI LECLERC
219, RUE SAINT HONORÉ
et 16, rue d'Alger

1914

LES PREMIÈRES ÉDITIONS ILLUSTRÉES

DES

FABLES DE LA FONTAINE

DE 1668 A 1725

Extrait

du

Bulletin du Bibliophile

tiré a 80 exemplaires

MARQUIS DE GIRARDIN

LES PREMIÈRES ÉDITIONS ILLUSTRÉES

DES

FABLES DE LA FONTAINE

DE 1668 A 1725

PARIS
LIBRAIRIE HENRI LECLERC
219, RUE SAINT-HONORÉ
et 16, rue d'Alger

1914

LES PREMIÈRES ÉDITIONS ILLUSTRÉES
DES
FABLES DE LA FONTAINE
DE 1668 A 1725

Après avoir donné, il y a quelque temps, au *Bulletin du Bibliophile* l'icono-bibliographie de l'édition d'Oudry des Fables de La Fontaine, je crois qu'il peut être intéressant pour ses lecteurs de leur offrir aujourd'hui l'icono-bibliographie des premières éditions des fables du poète. Ces éditions sont fort nombreuses. L'artiste qui commença à les illustrer fut François Chauveau. De lui s'inspirèrent pendant de longues années tous les autres.

Les illustrations de Chauveau, quoiqu'un peu naïves, sont cependant d'une facture remarquable; les mille détails de ses planches prouvent que cet artiste était un homme consommé dans son art; aussi fut-il copié ou imité un grand nombre de fois. Il est intéressant pour les amateurs de reconnaître en quoi diffèrent des éditions primitives les réimpressions ou les contrefaçons. Souvent ces contrefaçons ne se distinguent qu'à des détails bibliographiques, c'est pourquoi dans le travail que je présente aujourd'hui aux lecteurs du *Bulletin* je crois ne pas devoir séparer la bibliographie de l'iconographie et il m'arrivera même de leur parler d'éditions ne contenant aucune illustration, persuadé que cela les aidera pour la suite à reconnaître certaines éditions illustrées. Lorsqu'on est amené en effet à étudier l'illustration des œuvres d'un écrivain on ne peut séparer cette étude de celle de la bibliographie de ces mêmes œuvres. Cette dernière doit être poussée aussi loin que possible, si l'auteur désire que son travail puisse servir aux amateurs.

Parmi les imitateurs de F. Chauveau ceux qui se firent le plus remarquer après lui furent H. Cause, I. de Honge, R. de Hooge, etc., etc.

Ces artistes ne se contentèrent pas de copier complètement Chauveau, plusieurs de leurs planches sont originales.

Je présente aux lecteurs du *Bulletin* une analyse des éditions des fables de La Fontaine de 1668 à 1725, me réservant d'en donner la suite jusqu'en 1800 si les amateurs y trouvent quelque intérêt, ce que j'espère.

Marquis de Girardin.

1668

1. — *Fables* || *choisies* || *mises en vers* || *par M^r de La Fontaine* || *A Paris,* || *chez Claude Barbin au Palais sur le Perron de la Ste Chappelle* || *MDCLXVIII* || *Avec privilège du Roy.* ||

1 volume in-4.

Fleuron sur le titre représentant les armes du Dauphin placées sur un rideau ; le haut du rideau est couvert de fleurs de lys en gris. Ce fleuron a la même dimension et le même encadrement que les figures, c'est-à-dire 68 millimètres de largeur sur 52 de hauteur.

Pas de faux-titre.

Avant l'Epistre à Mgr le Dauphin se trouve une vignette sur bois non signée.

Un cul-de-lampe sur bois termine la préface.

La Table des Fables qui vient ensuite contient les fables classées par lettres alphabétiques.

Une vignette et un cul-de-lampe sur bois commence et termine la dédicace en vers à Mgr le Dauphin.

Le volume contient 6 livres et se termine page 286 par l'extrait du Privilège du Roy.

La dernière ligne du volume est celle-ci *Achevé d'imprimer pour la 1re fois le 31 mars 1668.*

Toutes les figures sont signées : « F. C. » (François Chauveau). Elles sont entourées d'un double trait carré.

Elles mesurent 68 millimètres de largeur et 52 millimètres de hauteur.

Le 1er livre contient 21 figures.

Les fables XV et XVI, p. 34

La mort et le Bûcheron
La mort et le Malheureux

n'ont qu'une figure pour elles deux.

Le 2e livre contient 19 fig.

Le 3e livre contient 20 fig.

La fable X p. 119

Le lion abattu par l'homme

a une figure qui n'est pas signée.

Le 4e livre contient 19 fig.

Les fables XV et XVI p. 182

Le loup, la chèvre et le chevreau
Le loup, la mère et l'enfant

n'ont qu'une figure pour elles deux.

Le 5e livre contient 21 fig.

Le 6e livre contient 18 fig.

Les fables I et II p. 239

Le pâtre et le lion
Le lion et le chasseur
n'ont qu'une figure pour elles deux.

L'ensemble des six livres contient donc 118 fig.

Dans le 6ᵉ livre les fables 20ᵉ *La discorde* page 280 et 21ᵉ *La jeune veuve* page 282 n'ont pas de figures.

Il en est de même pour l'épilogue.

Un grand nombre de fables, mais pas toutes, se terminent par des culs-de-lampe sur bois.

Dans un petit cartouche compris dans le cul-de-lampe de la fable 2ᵉ, livre 1ᵉʳ, page 5ᵉ, *Le corbeau et le renard*, au bas du cul-de-lampe, sont gravés ces mots : *Stante et currente Rota*.

Ce cul-de-lampe représente le Christ assis sous un arbre, pendant que des gens aux 3ᵉ et 4ᵉ plans se battent.

Le cul-de-lampe de la fable 8ᵉ *L'hirondelle et les petits oiseaux*, livre 1ᵉʳ p. 17 représente un arbre enlacé par une guirlande sur laquelle est une inscription grecque.

Ce cul-de-lampe se retrouve plusieurs fois dans l'ouvrage.

Un grand nombre de fables sont gravées les unes immédiatement à la suite des autres, de sorte qu'un grand nombre de figures, au lieu de commencer les pages, se trouvent au milieu des pages, entre deux textes.

Le numérotage des fables recommence à chaque livre, ainsi la 1ʳᵉ fable de chaque livre est la fable n° 1.

Dans le catalogue de la vente de feu Mʳ A. Rochebilière faite le 31 mars 1882 dans la salle de la Rue des Bons Enfants 28 à Paris, cette édition est annoncée ainsi sous le n° 164 :

Fables choisies mises en vers par Mʳ de La Fontaine,

Paris. Denys Thierry, 1668, in-4, figures en taille-douce, signées de Chauveau, tirées à mi-page, 28 feuilles préliminaires, non chiffrées, 284 pp. chiffrées, plus un feuillet non chiffré pour l'Épilogue et l'extrait du privilège et 1 feuillet blanc.

Première édition originale des fables de La Fontaine contenant les six premiers livres ; elle est rare et fort recherchée.

Certains exemplaires de cette édition ont des cartons, ainsi pour l'exemplaire vendu à la vente Rochebilière sous le n° 164 on trouve dans le catalogue :

« Cet exemplaire est avec le carton au feuillet oij, verso, de la vie d'Esope, portant les corrections. Lignes 5-6 on lit « afin de leur donner lustre » et ligne 18 le mot « emplete » est orthographié avec un E et un seul T. On y a joint en double le même feuillet non corrigé, sur lequel on lit « afin de leur donner le lustre » et où le mot « amplete » est imprimé avec un A.

Certains exemplaires de cette édition portent le nom de Claude Barbin, certains autres celui de Denys Thierry.

Dans ce dernier cas le titre porte :

|| Chez Denys Thierry, rüe Saint-Jacques, || A l'Enseigne de la Ville de Paris, ||

On lit dans Brunet :

« L'exemplaire mar. r. armes de Mad. de Verrue acheté 12 fr. seulement, vente Duriez, a été vendu 215 fr., A. Martin en 1847 ; un autre, 465 fr. mar. r. armes du Comte de Toulouse, Walckenaer ; en veau br. armes de Séguier, un f. un peu déchiré, 380 Riva ; 295 fr. vélin Renouard ; en mar. r. par Trautz, 575 fr. Solar. »

On lit encore dans Brunet Spt. :

« En mar. de Trautz, 855 fr. Double ; cet exempl.

qui n'était pas très beau avait été vendu 380 fr. En mar. de Duru, 495 fr. Chedeau ;

En mar. de Trautz fort beau, 1360 fr., Baron Pichon, revendu 2050 fr. Beuzon ; en mar. doublé de Trautz, un exempl. de toute beauté porté à 2800 fr. Catal. Morgand et Fatout.

On lit dans le Catalogue Morgand et Fatout année 1882 sous le n° 1942 :

Collation des ff. lim., le titre, la dédicace : *A Monseigneur le Dauphin*, 3 ff., la *Préface*, 13 pp., la *Vie d'Esope le Phrygien*, 28 pp., et la *Table des matières*, 7 pp.

Le Privilège est accordé à Claude Barbin et à Denys Thierry pour un temps qui n'est pas fixé, le 6 juin 1667, l'achevé d'imprimer est du 31 mars 1668.

Un exempl. mar. rouge, jans., doublé de mar. rouge, tr. dor., rel. de Trautz Bauzonnet, 4000 fr.

On lit dans Émile Picot, année 1884, sous le n° 911 :

Un exemplaire provenant de la Bibliothèque du Baron James de Rothschild est ainsi décrit :

In-4, de 28 ff. lim., 284 pp., 1 f. non chiff. et 1 f. blanc, mar. r., fil., dos orné, tr. dor., doublé de mar. r., dent. (Trautz-Bauzonnet).

Édition originale des six premiers livres des fables. Au titre un fleuron, non signé, aux armes du Dauphin. Les 3 ff. qui suivent le titre sont occupés par une épître « A Monseigneur le Dauphin. » Les 24 autres ff. lim. contiennent la *Préface*, la *Vie d'Ésope* et la *Table*.

Les fables qui sont au nombre de 124 en tout sont précédées chacune d'une vignette gravée à l'eau-forte par *François Chauveau*, et tirée en taille-douce ; il n'y a cependant que 119 figures, parce que les fables XI et XII du livre II, XV et XVI du livre IV, I et II du livre VI sont réunies et parce qu'il n'y a pas de vignettes pour les deux dernières fables du livre VI.

Le dernier feuillet de texte contient au r°, l'*Épilogue* et au v° un extrait du Privilège accordé à *Claude Barbin* le 6 juin 1667 et auquel *Barbin* s'associe *Denys Thierry*.

L'Achevé d'Imprimer est du 31 mars 1668.

On lit dans le Catalogue n° 5 — 14 mai 1888 — de Aug. Fontaine sous le n° 2142, un exemplaire annoncé à 2000 francs.

2. — *Fables choisies mises en vers par M^r de La Fontaine chez Denys Thierry, rue S. Jacques, à l'enseigne de la ville de Paris. MDCLXVIII. avec privilège du Roy.*

2 vol. in-12.

Le Fleuron qui se trouve sur le titre du 1er volume représente les armes du Dauphin placées sur un rideau sans fleurs de lis.

Le 1er volume a pour titre :

Fables choisies mises en vers par M^r de La Fontaine chez Denys Thierry, rue S. Jacques, à l'enseigne de la ville de Paris MDCLXVIII. Avec Privilège du Roy.

Le 2e volume a pour titre :

Fables choisies mises en vers par M^r de La Fontaine. Seconde Partie. A Paris chez Claude Barbin au Palais sur le second Perron de la Ste Chapelle MDCLXVIII. Avec privilège du Roy.

Dans le 1er volume avant l'*Epistre à M^{Gr} le Dauphin*, se trouve une vignette sur bois représentant une corbeille de fruits de chaque côté de laquelle part une branche de cerisier qu'un petit oiseau becquette.

Chaque fable commence par une lettre ornée, ainsi que la préface, la vie d'Esope, etc. ; l'M de ces lettres ornées a pour ornement une couronne royale sous laquelle sont posés en croix le sceptre et la main de justice, le tout sur un piédestal. L'M est posée au milieu du piédestal.

Après l'epistre à Mgr le Dauphin, vient la Préface, surmontée d'une vignette sur bois (ornement).

La préface n'a pas de cul-de-lampe.

A la 7e des premières lignes de cette préface, au milieu de la ligne, il y a une phrase commençant ainsi : *Il a creu*, etc. au lieu de *Il a cru*, etc.

La vie d'Ésope le Phrygien commence par une vignette sur bois (ornement) et se termine par un cul-de-lampe sur bois (corbeille de fruits).

Vient ensuite le *Privilège du Roy* qui se termine ainsi :

Donné à Compiègne le 6. jour de juin, l'an de grâce 1667 et de notre règne le 25.

Achevé d'imprimer pour la 1re fois le 19 octobre 1668; Les exemplaires ont esté fournis. Régistré sur le livre de la communauté des imprimeurs et libraires de Paris le 10 mars 1668, suivant l'arrest du Parlement du 8 avril 1653 et de celui du Conseil Privé du Roy du 5 février 1665.

D. Thierry, adjoint du Syndic.

Et ledit Sieur Barbier a associé avec luy D. Thierry, aussi marchand Libraire.

Avant la dédicace à Mgr le Dauphin qui se termine par un cul-de-lampe sur bois se trouve une vignette sur bois.

Ce premier volume contient trois livres, le 1er, le 2e et le 3e.

Le troisième livre se termine page 228 sans la table des fables où celles-ci sont classées par lettres alphabétiques.

Ce 3e livre contient comme l'édition en 1 vol. de 1668 in-4 les fables *l'OEil du Maître* et *l'Alouette et ses petits avec le maître d'un champ* qui terminent ce livre.

Les planches de ces 2 fables sont usées d'une façon inouïe dans cette édition.

Le 1er livre contient 22 fables et 21 figures signées F C (François Chauveau).

La Mort et le Mal-heureux, XV, page 47, liv. I et *La Mort et le Bûcheron*, XVI, page 49, liv. I n'ont qu'une figure.

Ce livre se termine page 70 par le *Chesne et le Roseau*.

Le 2e livre contient 20 fables et 19 figures signées F. C.

Le Lion et le Rat, XI, page 109, liv. II et *la Colombe et la Fourmy*, XII, page 111, liv. II n'ont qu'une figure.

Ce livre se termine page 145 par *le testament expliqué par Esope*.

Le 3e livre contient 20 fables et 20 figures signées F. C.

Le 1er volume contient donc 60 figures. Les planches des nombreux culs-de-lampe sur bois qui terminent presque toutes les fables sont très usées.

Le 2e volume a sur son titre un fleuron sur bois représentant une corbeille de fleurs.

Il contient 220 pages de fables, l'Epilogue compris, sans la table des fables où celles-ci sont classées par lettres alphabétiques.

Ce volume contient les 4e, 5e et 6e livres.

Comme dans le 1er volume, dans ce 2e volume le numérotage des fables recommence à chaque livre.

Le 4e litre contient 20 fables et 19 figures signées F. C. La fable XV *le Loup, la Chèvre et le Chevreau*, page 60, livre IV, et la fable XVI *le Loup, la Mère et l'Enfant*, page 63, livre IV n'ont qu'une figure pour elles deux.

La fable VI, page 26, livre IV *le Combat des Rats et des Belettes* est numérotée V. Il y a donc dans ce livre deux fables V et pas de fable VI.

Le livre IV se termine page 81 par *l'Avare qui a perdu son trésor*.

Le 5ᵉ livre contient 21 fables et 21 figures signées F. C. Ce livre se termine page 148 par *l'Asne vestu* (sic) *de la peau du Lion*.

Le 6ᵉ livre contient 21 fables et 18 figures signées F. C.

La fable 1ʳᵉ page 152 *le Pâtre et le lion* et la fable 2ᵉ page 153 *le Lion et le Chasseur* n'ont qu'une figure pour elles deux.

Les dernières fables du livre VI, *la Discorde*, fable XX, page 212 et *la jeune Veuve*, fable XXI, page 215, n'ont pas de figures; il en est de même pour l'Epilogue.

Ce second volume contient donc 58 figures et les 2 volumes réunis 118 figures.

Les planches de cette édition sont usées en très grand nombre.

Chauveau pose dans ses figures sa signature à toutes places.

Il existe plusieurs exemplaires de cette édition réglés, entre autres l'exemplaire de la Bibliothèque Nationale.

Cette édition est annoncée dans le Catalogue Rochebilière de la façon suivante :

Nº 165. *Fables choisies mises en vers par Mʳ de La Fontaine. Paris, D. Thierry et Cl. Barbin, 1668. 2 vol. in-12 avec figures gravées sur cuivre à mi-page par F. Chauveau.*

« Seconde édition originale du recueil des Fables

de La Fontaine. Elle reproduit l'édition in-4°, avec des corrections et des changements. »

On lit dans Brunet à propos de cette édition :

« Réimpression de l'édit. in-4° avec q. q. corrections. Le premier vol. a 24 ff. prél. 228 pp. et 2 ff. pour la table (Il y en a sans la date 1669); Le second (1668) a 220 pp. et 2 ff. pour la table.

« Un exemp. en maroq. rel. aux armes de Ferrand, 60 fr. Walckenaer, et beaucoup moins en reliure ordinaire.

« Il existe une contrefaçon des trois premiers livres des fables de La Fontaine, et probablement aussi des 3 livres suivants, de format petit in-12 et sous la date de *Paris, D. Thierry, 1668.* »

On lit encore dans Brunet Spt :

« FABLES CHOISIES MISES EN VERS PAR M. DE LA FONTAINE. *A Paris chez Denys Thierry* 1668, 2 vol. in-12, fig.

« Réimpression de l'édition in-4° après corrections faites, il faut 30 ff. prélim., a par 12, e par 12, i par 5. plus un feuillet blanc. »

On lit dans P. Lacroix. Œuvres inédites de L. F. Bibliogr. Paris, Hachette, 1868.

« Il existe des exemplaires du premier vol. avec la date de 1669; on peut supposer que c'est une réimpression. On cite une contrefaçon des 9 premiers livres seulement, sous la date de 1668 et avec le nom de *D. Thierry.* »

D'autre part on lit dans le *Bulletin Morgand.* Tome I. 1876-1878, sous le n° 569.

« Réimpression de l'Edition originale qui précède avec les mêmes figures, mais avec des corrections.

« C'est par erreur que Brunet indique 24 ff. prélim.; il faut 29 ff. prélim. sous les sign. a-e par 12 ff. et i par 5 ff.;

« Il est probable que ce dernier cahier doit être équilibré par un f. blanc. »

1669

3. — *Fables* || *choisies,* || *mises en vers.* || *Par M. de La Fontaine.* || *A Paris* || *chez Claude Barbin*..... *1669.*

In-12 de 36 ff. lim., 142 pp. et 1 feuillet pour l'extrait du Privilège, daté du 6 juin 1667, et suivi d'un rappel de l'achevé d'imprimer au 31 mars 1668.

On lit dans Brunet spt.

« Cette édition est une réimpression de la belle édition in-4 de 1668; Bien qu'elle ait les fleurons de Barbin, q. q. amateurs croient qu'elle a été exécutée en province ; elle est imprimée en trés petits caractères.

« Somme toute elle est de médiocre importance bien que l'exemplaire de la vente Beuzon relié en mar. doublé de chamballe ait atteint le prix de 205 fr. et que le libraire Fontaine son acquéreur le porte à 350 francs. »

On trouve à propos de cette édition dans l'extrait du Catalogue Fontaine année 1875, n° 904 :

Fables || *choisies* || *mises en vers,* || *Par M. de La Fontaine.* || *A Paris,* || *chez Claude Barbin, au Palais sur le Perron de la Sainte Chappelle.* || *M.DC.LXIX.* || *Avec le Privilège du Roy,* ||

In-12 de 36 ff., 142 pp. et 1 f. pour l'extrait du Privilège. 350 fr.

Collation des feuillets prélim. : Titre 3 ff. pour l'*Épistre* ; 10 ff. pour la Préface ; 22 ff. pour la Vie d'Esope.

Cette édition qui manquait à M. Walckenaer et qui n'a pas été citée par Brunet dans le *Manuel du Libraire*, n'est pas comme l'a supposé le rédacteur du Catalogue

Beuzon (Paris 1875, n° 204) une réimpression faite en province.

Elle a été exécutée avec les caractères et les fleurons que Barbin employait ordinairement et l'*Extrait du Privilège* suffirait au besoin pour prouver que ce n'est pas une contrefaçon.

Elle reproduit le texte de l'édition originale in-4 de 1668, c'est-à-dire qu'elle contient les six premiers livres des fables ; l'impression est très fine et très nette, ce qui a permis de ne pas donner 1 volume de plus de 142 pp.

Nous sommes disposés à croire que cette édition a dû paraître immédiatement après l'édition in-4. Il est vrai que le recueil des Fables donné par *Claude Barbin* et *Denys Thierry*, 2 vol. porte quelquefois la date de 1669, mais cette date est peut-être fautive, et n'offre pas un argument bien sérieux, puisque la plupart de ces exemplaires porte la date de 1669.

1671

4. — *Fables* || *nouvelles* || *et* || *autres Poésies* || *de M. de La Fontaine* || *a Paris* || *chez Denys Thierry ou Claude Barbin rüe S. Jacques, à* || *l'enseigne de la Ville de Paris* || *MDCLXXI* || *avec Privilège du Roi.* ||

1 volume in-12.

Fig. taille-douce par François Chauveau.

1 fleuron sur bois non signé sur le titre.

Ce volume commence par une épître :

« A son Altesse Monseigneur le Duc de Guise. » Cette épître est précédée d'une vignette qui est la même que celle se trouvant dans l'édition originale, avant la dédicace en vers à Mgr le Dauphin.

Cette épître commence par la lettre ornée sur bois M.

Cette épître est suivie d'un « Avertissement » commençant par une vignette sur bois et se terminant par un cul-de-lampe sur bois. L'avertissement commence par la lettre ornée sur bois P.

« Vient ensuite l' « l'extrait du Privilège du Roy » qui se termine par ces mots : « Achevé d'Imprimer pour la 1re fois le 12. jour de Mars 1671. »

Cet extrait est suivi de 8 fables précédées chacune d'une vignette signée F. C. de la page 1 à la page 22.

Chacune de ces fables commence par une lettre sur bois ornée.

Ces fables sont ;

I. *Le lion, le loup et le renard* [lettre ornée V].

II. *Le Coche et la mouche* [lettre ornée D] [cul-de-lampe sur bois à la fin].

III. *Le trésor et les 2 hommes* [lettre ornée U] [cul-de-lampe sur bois à la fin].

IV. *Le rat et l'huître* [lettre ornée U].

V. *Le singe et le chat* [lettre ornée B] [cul-de-lampe sur bois à la fin].

VI. *Du glan (sic) et de la citrouille* [lettre ornée D] [cul-de-lampe sur bois à la fin].

VII. *Le milan et le rossignol* [lettre ornée A] [cul-de-lampe sur bois à la fin].

VIII. *L'huître et les Plaideurs* [lettre ornée V].

La page 23 est consacrée à donner quelques renseignements sur les poésies qui suivent :

De la page 24 *Le songe de Vaux* à la fin du volume (page 184) qui ne contient pas de table, il n'y a pas une figure.

Le songe page 24 commence par la lettre ornée sur bois L.

De la page 24 à la fin, ce volume contient :

« Des fragments sur *Le songe de Vaux*..

Des Poésies Diverses commençant par la lettre ornée sur bois I page 63 et finissant par un cul-de-lampe sur bois page 72.

La page 73 commence par un en-tête sur bois (ornement) avant *l'Ode pour Madame* qui se termine page 79 par un cul-de-lampe.

Adonis page 149 est précédé de la même vignette que celle qui se trouve avant l'Épître au duc de Guise.

Le petit cul-de-lampe sur bois qui termine les *poésies diverses* représente une corbeille de fleurs et de fruits.

Avant *Adonis* se trouve un avertissement précédé d'un en-tête sur bois (ornement).

Les pages suivantes se terminent par des ornements sur bois formant cul-de-lampe : 84, 85, 90, 91, 96, 98, 102, 108, 114, 130, 134, 139, 146.

A propos de cette édition on lit dans Brunet :

« Avant de faire paraître la 3e partie de ses fables La Fontaine publia le recueil suivant :

Fables nouvelles et autres poésies par M. de La Fontaine, Paris, Claude Barbin ou Denys Thierry, 1671, in-12 de 12 ff. prélim. et 184 pp. avec fig. de Fr. Chauveau.

« Ce volume dédié au duc de Guise, contient 8 nouvelles fables, avec des vignettes de Chauveau, *le songe de Vaux* déjà publié dans le recueil imprimé sous la date de Cologne 1667, la 2e édition d'Adonis et autres poésies. 15 fr. m. r. Walckenaer ; 30 fr. Ch. Giraud ; 45 fr. Solar. »

On lit encore dans Brunet S. p. t.

« En mar. de Trautz 350 fr. H. Bordes ; en mar. de Trautz (avec le nom de Denys Thierry, 220 fr. Beuzon). 250 fr. Fontaine. »

Le Bibliophile Jacob indique un autre éditeur seul :

« Paris Denis Thierry 1671, Petit in-12 de 12 ff. prélim. et 184 pp. fig. de F. Chauveau. »

Réimpression de l'édition précédente achevée d'imprimer pour la première fois le 12 mars 1671 (P. Lacroix, œuvres inédites de L. F. Bib. — Paris Hachette 1868).

Dans le Catalogue Morgand et Fatout année 1882, n° 1943, on trouve :

« Les ff. lim. contiennent le *titre*, une *épître à Mgr le Duc de Guise* 5 ff., l'*avertissement* 5 ff. et l'*extrait du Privilège* 1 f. : un ex. mar. bleu jans. Tr. dor. (Hardy Mennil) 250 fr. »

Enfin Émile Picot dans son Cat. des livres du Baron James de Rothschild sous le n° 912 donne encore les renseignements suivants :

« Chez Denis Thierry..... de 12 ff. lim. et de 184 pp. mar. r. fil., dos orné, doublé de mar. bleu, dent., tranch. dor. (Trautz-Bauzonnet).

Les ff. lim. se composent : du titre, de 55 ff. pour une épitre « A Son Altesse Monseigneur le Duc de Guise »; de 5 ff. pour l'*Avertissement* et de 1 f. pour l'*extrait du Privilège*. . . . .
. . . . *Les poésies diverses* placées à la suite des Fables comprennent :

Le Songe de Vaux, l'*Aventure d'un Saumon et d'un Esturgeon*, l'*epitre A. M. F.* [Foucquet] », l'*Ode pour Madame*, l'*Ode pour la Paix*, la *Balade pour la Reine, plusieurs pièces adressées à des personnages de la Cour, 4 Élégies et Adonis*.

Le privilège daté du 16 février 1671 est accordé pour 10 ans à Claude Barbin qui y associe Denys Thierry.

1678-1694

5. — *Fables choisies, mises en vers par M^r de La*

Fontaine. Paris, Denys Thierry et Claude Barbin, 1678-1694. 5 volumes in-12.

Cette édition originale est la dernière parue du vivant de l'auteur, c'est elle qui fixe le texte.

Il a été publié 2 éditions sous la même date ; on reconnaît la 1ʳᵉ de ces deux éditions au fleuron qui se trouve sur le titre du 5ᵉ volume. Ce fleuron est formé de lettres entrelacées, chiffre de Claude Barbin.

Les fleurons des 4 autres volumes sont différents :

Le fleuron du 1ᵉʳ volume est aux armes du Dauphin. Ces armes du Dauphin sont placées sur un rideau ; ce rideau n'a pas de fleurs de lis.

Les 2ᵉ, 3ᵉ et 4ᵉ volumes ont le même fleuron qui est sur bois et représente une corbeille de fleurs. Ce fleuron diffère entièrement du fleuron du 2ᵉ volume de l'édition de 1668 en 2 volumes in-12.

Le 3ᵉ volume seul a un faux-titre, les autres n'en ont pas.

Comme pagination dans le tome V, les pages 186 et 187 se répètent 2 fois de la façon suivante : Au recto du feuillet 187 se trouve encore la page 186 et celle qui suit cette nouvelle page 186 est encore une page 187.

Nous ne sommes pas d'accord en ceci avec le catalogue Rochebilière qui ne parle que des pages 187 et 188 (voir plus loin).

Les vignettes sont de François Chauveau.

Elles sont au nombre de 235.

Pour les 2 premiers volumes, c'est-à-dire pour les 6 premiers livres les planches sont les mêmes que celles de l'édition en 2 volumes in-12 1668. Quelques-unes sont retaillées.

Voici les titres exacts de chaque volume :

1ᵉʳ volume.

Fables || *choisies,* || *mises en vers* || *par Mʳ de La Fontaine,* || *et par luy revuës, corrigées* || *et augmentées,* || Tome premier, || *A Paris,* || *Chez Denys Thierry, ruë S. Jacques* || *et* || *Claude Barbin, au Palais,* || *M.DCLXXVIII.* || *Avec Privilège du Roy.* ||

2ᵉ volume.

Fables choisies mises en vers par Mʳ de La Fontaine, Tome second, *à Paris, chez,* etc., comme le précédent.

3ᵉ volume.

Fables choisies mises en vers par Mʳ de la Fontaine, Troisième partie, *à Paris, chez,* etc., comme le précédent.

4ᵉ volume.

|| *Fables* || *choisies,* || *mises en vers* || *par Mʳ de La Fontaine* || *Quatrième partie. A Paris, chez Denys Thierry ruë S. Jacques et Claude Barbin au palais. M.DCLXXIX. Avec Privilège du Roy.*

5ᵉ volume.

|| *Fables* || *choisies* || *par Mʳ de La Fontaine,* || *A Paris,* || *Chez Claude Barbin, au* || *Palais, sur le Second Perron de la* || *Sainte Chapelle* || *MDCXCIV,* || *Avec privilège du Roy.* ||

Dans le 1ᵉʳ volume avant l'epistre à Mᵍʳ le Dauphin se trouve une vignette sur bois.

La préface a un cul-de-lampe sur bois. Son texte est beaucoup plus serré que celui de la préface de l'édition de 1668 en 2 vol. in-12.

La phrase qui commence au milieu de la 7ᵉ des premières lignes n'a pas de faute comme dans l'édition en 2 vol. in-12 1668, et est imprimé ainsi : « Il a cru », etc.

Après la vie d'Ésope vient immédiatement le « Privilège du Roi » au bas duquel se trouve « Achevé d'imprimer pour la 1re fois, le 3e jour de mai 1678 ».

La table des Fables par lettres alphabétiques vient ensuite.

Une vignette sur bois non signée, représentant des arabesques, se trouve avant la dédicace à Mgr le Dauphin. Cette vignette diffère complètement de celle placée au même endroit dans l'édition en 2 vol. in-12, 1668.

L'édition contient de nombreux culs-de-lampe sur bois. Ces culs-de-lampe diffèrent complètement de ceux de l'édition de 1668 en 2 vol. in-12.

Toutes les figures ou vignettes des 2 premiers volumes, c'est-à-dire des 6 premiers livres sont signées F. C.

Les planches de ces figures sont les mêmes que celles de l'édition de 1668 in-4 en 1 volume ou que celles de l'édition de 1668 in-12 en 2 volumes ou « 2 parties ». Mais les planches des culs-de-lampe diffèrent au moins pour le plus grand nombre et diffèrent complètement des planches de l'édition en 2 vol. in-12, 1668.

Pour la fable 10e, livre 3e, page 189 *Le Lion abattu par l'homme*, la figure est la même retaillée que celle de l'édition de 1668 in-4, 1 volume, mais elle est signée F. C. comme celle de l'édition de 1668 in-12 en 2 volumes.

Le premier volume contient 3 livres qui sont numérotés : premier, deuxième, troisième.

Le troisième livre se termine page 216 par la fable 18, *le Chat et un vieux rat*.

Les fables *l'OEil du Maître, l'Alouette et ses petits avec le Maître d'un champ*, qui se trouvaient dans ce livre dans l'édition de 1668 in-4, 1 volume et dans l'édition in-12 en 2 volumes, sont supprimées dans ce livre ainsi que les figures qui les accompagnent (pour cette édition) et sont replacées, la 1re, livre IV, page 82, fable 21 ; la 2e, livre IV, page 87, fable 22, dans le 2e volume de cette édition avec leurs figures.

Le 1er volume contient 216 pages de fables sans la table.

Le 1er livre contient 21 figures signées F. C.

Les fables : *le Mort et le Bucheron, la Mort et le Malheureux* n'ont qu'une figure pour elles deux.

Le 2e livre contient 19 figures signées F. C.

Le 3e livre contient 18 figures signées F. C.

Le 1er volume contient donc 58 figures signées F. C.

Le 2e volume contient les 4e, 5e et 6e livres.

Les dernières fables du 2e volume sont les mêmes que celles du volume de l'édition in-4 de 1668 ; ces deux dernières fables qui sont *la Discorde* et *la jeune Veuve* n'ont pas de figures.

Un errata termine le volume.

Le 4e livre contient 21 figures signées F. C.

Les fables *le Loup, la Chèvre et le Chevreau, le Loup, la Mère et l'Enfant* n'ont qu'une figure pour elles deux.

Le 5e livre contient 21 figures signées F. C.

Le 6e livre contient 18 figures signées F. C.

Le 2e volume contient donc 60 figures signées F. C.

Il contient 232 pages de fables sans la table. La première fable du volume est précédée de ces mots : « Livre Quatrième », dont les caractères diffèrent de ceux des mêmes mots de l'édition de 1668, 2 vol. in-12.

Le 3e volume contient deux livres numérotés : livre 1er, livre 2e.

Ce 3e volume commence par un avertissement qui se termine par l'errata du tome III.

La vignette sur bois avant l'apologie à Madame de

Montespan est la même que celle avant la dédicace à Mgr le Dauphin.

Le 1er livre de ce 3e volume contient 3 figures signées : F. Chauveau inv. et fec.

Le 1er livre de ce 3e volume contient 3 figures signées : F. C.

Le 1er livre de ce 3e volume contient 9 figures qui ne sont pas signées.

Le 1er livre de ce 3e volume contient 1 figure signée : N. Guérard, fec. : Fable 2e, page 15, *le Mal Marié*.

Le 1er livre de ce 3e volume contient 1 figure signée : N. Guer (l'N entrelacé dans le G) : Fable 5e, page 31, *les Souhaits*.

Le 1er livre contient donc 17 figures.

Le 2e livre du 3e volume contient 22 figures qui ne sont pas signées.

Le 2e livre du 3e volume contient 2 figures signées F. C.

Le 2e livre du 3e volume contient 3 figures signées F. Chauveau fec.

Le 2e livre contient donc 27 figures.

Le 3e volume contient donc $17 + 27 = 44$ figures. Il se termine par la table des fables par lettres alphabétiques ; il contient 220 pages de fables avec la table.

La date du 4e volume est MDCLXXIX.

Ce 4e volume contient les livres 3, 4 et 5.

Le 3e livre du 4e volume contient 15 figures qui ne sont pas signées.

Le 3e livre du 4e volume contient 4 figures signées F. C.

Le 3e livre du 4e volume contient 1 figure signée N. G. entrelacés.

Le 3e livre du 4e volume contient donc 20 figures.

Les 3 dernières fables de ce livre sont dignes de remarque :
Le Milan et le Rossignol;
Le Berger et son troupeau ;
Discours à Mme de la Sablière, les 2 rats, le renard et l'œuf.

Aucune de ces 3 fables n'est numérotée.

En outre, pour les 2 premières, en haut des pages sur lesquelles elles sont imprimées, est imprimé « Livre I » au lieu de Livre III.

Au haut des pages sur lesquelles est imprimée la dernière de ces 3 fables est imprimé *Discours à Mme de la Sablière*. La figure de cette dernière fable est intercalée entre le discours à Mme de la Sablière et la fable proprement dite : *les 2 rats, le Renard et l'œuf*.

Le 4e livre du 4e volume contient 15 figures non signées.

Le 5e livre du 4e volume contient 9 figures non signées.

Le 4e volume contient donc 44 figures.

L'Epilogue qui est page 220 n'a pas de figure.

La dernière fable du 4e volume est la fable IX *les Souris et le Chat-huant*.

Le 4e volume se termine par la table des fables par lettres alphabétiques contenues dans ce 4e volume. Cette table des fables est suivie par l'errata du tome IV. — Enfin la dernière page du volume est l'*Extrait du Privilège du Roy*.

Le 4e volume contient 221 pages de fables sans la table.

La date du 5e volume est 1694.

Le 5e volume contient une vignette sur bois (Fleurs) avant l'épître à Mgr le duc de Bourgogne.

Cette épître est suivie de l'extrait du privilège du Roi (daté du 20 février 1693).

Au bas de cet extrait est imprimé ;

« Achevé d'imprimer pour la 1re fois le 1er jour de septembre 1693. »

Ce 5e volume ne contient qu'un livre numéroté « livre septième ».

Par conséquent si l'on considère les trois derniers volumes de l'édition qui contiennent les livres 1, 2, 3, 4, 5, 7 ; on voit qu'il n'y a pas de livre 6.

Les 29 figures contenues dans ce volume ne sont pas signées.

La table des fables qui termine ce 5e et dernier volume ne classe pas les fables par lettres alphabétiques, mais par pagination.

Au bas de certaines pages de ce 5e volume est imprimé : « Tome III ».

Il contient de nombreux culs-de-lampe sur bois et 228 pages de fables sans la table. La première lettre de chaque fable est toujours une lettre ornée dans les 5 volumes. Ces lettres ornées ne sont pas les mêmes que celles de l'édition en 2 volumes in-12 de 1668.

Il existe certains exemplaires qui sont réglés, entre autres celui de la Bibliothèque Nationale.

Beaucoup de planches sont usées ; quelques-unes sont retaillées.

Certains exemplaires de cette édition ont l'errata placé dans le 1er volume, certains autres dans le 2e, comme le prouve Jules Le Petit dans sa Biblio. 1888 (Voir pour l'errata ce qui concerne la réimpression de cette édition).

Voici ce que dit Brunet de cette édition : « Seule édition complète des Fables de La Fontaine qui ait été imprimée sous les yeux de l'auteur. Les deux premières parties sont une 3e édit., qui chose remarquable, n'a été faite que 10 ans après la seconde ; les 3 autres parties (livres I à V, et sous les dates de 1678-79 et 94) peuvent servir à compléter la première édit. in-12 ; elles n'ont pas été imprimées de format in-4, comme pourrait le faire croire le Catalogue de la Bibliothèque du Roy Y. 6603. Ou l'on a imprimé in-4 pour in-12.

Nous devons faire remarquer que dans la 3ᵉ édit. des 2 volumes du premier recueil, daté de 1678, il doit se trouver sur le titre du 1ᵉʳ tome un fleuron gravé représentant les armes du Dauphin, et un feuillet d'errata après la table du même volume.

Dans la réimpression faite sous la même date, les fautes ont été corrigées et un fleuron gravé sur bois a remplacé les armes du Dauphin ; de plus on y a imprimé à la fin du second volume l'extrait d'un privilège daté de 1692.

Le second recueil de 1678 et 1679 (nouveaux livres I à V) doit avoir les errata, savoir : pour la troisième partie à la fin de l'avertissement de la quatrième et pour celle-ci à la suite de sa table. Dans une partie des exemplaires il se trouve à la page 99 de la troisième partie, un carton pour le *Savetier et le Financier*, et à la page 47 de la 4ᵉ partie un autre carton pour *le Singe et le Léopard*. La 5ᵉ partie (livre coté VII au lieu de VI) paraît avoir été imprimée trois fois sous la date de 1694. Le 1ᵉʳ tirage a le chiffre de Barbin, et les pages 186 et 187 y étant répétées le texte finit à la page 228. Dans un 2ᵉ tirage dont le texte s'arrête également à la page 228, ce sont les pages 189 et 190 qui sont répétées. Dans un troisième tirage où l'on a évité cette fausse pagination, la dernière page du texte est cotée 230 et le chiffre de Barbin a été remplacé sur le même titre par un autre fleuron. »

D'après le catalogue Rochebilière il y aurait eu un

4ᵉ tirage de ce volume puisqu'il parle comme pages se répétant des pages 187 et 188 (Voir plus loin).

Brunet ajoute :

« Les exemplaires de ces 5 volumes doivent avoir été tirés à grand nombre, car ils ne sont pas rares ; il est très difficile de les rencontrer en bon état, parce qu'ils ont passé entre les mains des enfants, c'est ce qui donne du prix à ceux qui sont restés intacts, ainsi 48 francs mar. r. d'Hougard, en 1789 ; 80 francs m. reliure nouvelle en 1814, et 300 francs Walckenaer, autre exempl. relié en veau et sans les cartons, chez le même.

« Un exemplaire avec le volume de 1671, mais ayant les tomes I et II réimpr. sans le privilège daté de 1692 a été payé jusqu'à 600 francs, de Bure, l'aîné, à cause de son excellente reliure en mar. r.
parfaitement conservée . . . . . . en mar. r. sans réimpression, Solar.

« La Fontaine qui avait obtenu en 1687 un privilège pour les six premiers livres de ses fables, en obtenait un second en 1677 pour ses fables déjà imprimées et pour celles qui ne l'avaient pas encore été, et cela pour 15 ans. Il céda ses 2 privilèges aux libraires Thierry et Barbin auxquels il céda également son privilège en date du 20 février 1693, pour imprimer sa 5ᵉ partie pendant 8 ans. Cependant à l'expiration du privilège des 4 premières parties, le libraire Pierre Trabouillet, dont le fond avait été entièrement détruit dans l'incendie du Collège de Montaigu ayant fait la demande d'un nouveau privilège, tant pour les œuvres de Molière que pour les 4 parties des fables de La Fontaine, l'obtint pour 20 ans en considération des pertes qu'il avait éprouvées ; mais il ne garda pas pour lui seul ce privilège en date du 18 septembre 1692, car il s'associa pour le Molière, Thierry et Barbin et il céda entièrement à ces deux libraires tout le droit du privilège des Fables de La Fontaine. Voilà comment le poète qui ne mourrut qu'en 1695 se trouva dépouillé de la propriété littéraire des Fables. »

On lit encore dans Brunet (Spt.) :

« Il faut mentionner un carton qui doit se trouver à la page 101 du tome 3 dont Brunet n'a pas eu connaissance ; le premier carton du tome IV est à la page 26 et M. Potier en a signalé un second à la page 115.

« Il est bien rare de trouver un exemplaire de ces 5 volumes qui soit uniformément du 1er tirage ; celui de la vente Solar est très pur, mais il manquait les cartons des tomes 3 et 4, et une reliure médiocre de Thompson l'a empêché de dépasser le prix de 500 francs.

« L'exempl. d'Ortigue formé d'un premier vol. de l'édit. de 1668 (in-12), le tome 2 de la première édit. de 1678, le tome V du premier tirage de 1694, a été vendu en premier lieu 265 francs et 775 francs au libraire Fontaine.

« L'exempl. de Bure que Brunet avait payé 600 francs à cause d'une reliure de Bayet a été vendu 1330 francs à la vente du Bibliographe et au prix de 3 450 francs à la vente Leb. de Montgermont.

« Un exemplaire avec 5 vol. de bonne date, mais sans les cartons, en mar. de Hardy, 520 francs, A Voisins ; acquis par la librairie Morgand, il figure dans leur catalogue au prix de 1 200 francs. »

Enfin on lit dans Add. à Brunet (S. p. t.). « Dans l'exempl. de M. Turner se trouvait au tome VI, p. 115 un carton non signalé, pour l'*Enfouisseur et son compère* ; Ce bel exemplaire avec tous les volumes de bonne date et dans une reliure en maroquin doublé de Bayet s'est adjugé 11 950 francs. »

P. Lacroix, dans ses Œuvres inédites de L. F. Bib. (Paris, Hachette 1868) dit : Beaucoup d'exemplaires portent des corrections de la main de La Fontaine. Il y a sous la même date une contrefaçon presque identique qu'on a considéré mal à propos comme une réimpression que l'auteur avait revue lui-même.

On lit dans le Cat. de novembre 1880 sous n° 6867 de Morgand et Fatout :

« Un exemplaire de la première édition complète, les volumes étant tous de bonne date, doit réunir les conditions suivantes :

« Tome Ier, le titre portant gravées, les armes du Dauphin 1 f., l'*Epistre à Monseigneur le Dauphin*, 9 pp. La *Préface*, 12 pp., la *vie d'Esope le Phrygien*, 34 pp., le *Privilège du Roy*, 3 pp., la *Table*, 4 pp. et l'*Errata*, 1 f. Ensemble 33 ff. prélimin. et 216 pp.

« Tome II. 232 pp. y compris le titre, et 2 ff. de *Table*.

« Tome III. Un faux titre, 1 f. et 220 pp. y compris le *titre*, 1 f., l'*Avertissement* et l'Errata 1 f., et à la fin 1 f. pour la table.

« Tome IV. 221 pp. y compris le titre et 3 pp. pour la *Table*, l'*Errata* et le *Privilège du Roy*.

« Tome V. 4ff. lim. composés du titre avec le chiffre de *Barbin*, de l'*Epitre à Monseigneur le Duc de Bourgogne*, 4 pp. et l'*Extrait du Privilège du Roy*, 2 pp., et 230 pp. inexactement chiffrées et 1 f. pour la Table.

« L'erreur de pagination se produit aux pages 186 et 187 qui sont répétées et l'erreur se continue jusqu'à la fin, la dernière page étant cotée 228.

« Un exemplaire réunissant ces conditions provenant de la bibliothèque de M. le baron de La Roche Lacarelle, en mar. rouge, dos, fil., reliure de Thibaron-

Echaubard, dorure de Trautz-Bauzonnet (Prix non indiqué) ».

Un exemplaire provenant de la Bibliothèque du baron de Rothschild est ainsi décrit dans le Cat. des livres Rothschild sous le n° 913 par Emile Picot : Fables || choisies, || mises en vers || par M. de La Fontaine, || et par luy revües, corrigées || et augmentées. || *A Paris* || Chez Denys Thierry, rue S. Jacques, || et || Claude Barbin, au Palais. || MDCLXXVIII (1678-1679). || Avec Privilège du Roy. 4 vol. in-12.

Fables || choisies. || Par M. de la Fontaine || A Paris, || *Chez Claude Barbin, au* || Palais sur le second Perron de la || Sainte Chapelle. || M. DC. XCIV (1694) || Avec Privilège du Roy, in-12, ensemble, 5 vol. in-12, mar. r. fil., dos orné, doublé de mar. bl. dent. tranches dor. (Trautz-Bauzannet.)

Tome premier : Titre orné d'un fleuron aux armes du Dauphin, 29 ff. pour l'Epitre « A Monseigneur le Dauphin », la *Préface,* la *Vie d'Esope* et le *Privilège* ; 2 ff. de table ; 1 f. d'Errata ; 1 f. blanc, ensemble 34 ff. lim. et 216 pp. — 59 vignettes de F. Chauveau tirées en taille-douce dans le texte.

Seconde Partie, 1668, 232 pp. (y compris le titre) et 2 ff. de table. 60 vignettes de F. Chauveau.

Troisième Partie. 1668, 1 f. pour le faux-titre et 220 pp. (y compris le titre) et 1 f. d'avertissement. — 44 vignettes de Fr. Chauveau. Les pp. 99-100 ne sont pas cartonnées.

Quatrième Partie, 1679, 221 pp. (y compris le titre) et 1 f. 44 vignettes de F. Chauveau, les pp. 17-18 ne sont pas cartonnées.

Fables choisies, 1694 ; 4 ff. pour le titre (lequel porte le titre de Barbin), une épitre « A Monseigneur le Duc de Bourgogne » et l'Extrait du Privilège ; 230

pp. inexactement chiffrées et 1 f. de *table* 29 vignettes non signées.

Les IIIe et IVe parties contiennent cinq nouveaux livres soit en tout 48 fables.

Le Privilège daté du 29 juillet 1677 est accordé pour quinze ans à La Fontaine, qui déclare en faire cession à Denys Thierry et Claude Barbin. L'Achevé d'imprimer, placé au tome I est du 3 mai 1678.

Fables choisies, 1694, l'erreur de pagination se produit aux pages 186-187 qui sont doubles, et se continue jusqu'à la dernière page qui est cotée 228.

Ce nouveau recueil contient 29 fables intitulées par erreur Livre septieme.

Le Privilège daté du 28 décembre 1692, est accordé pour six ans à Claude Barbin.

L'achevé d'imprimer est du 1er septembre 1693.

Le Libraire E.-Jean Fontaine, 30, boulevard Haussmann dans son catalogue du 10 août 1889, nouvelle série n° 4, annonçait sous le n° 754 :

« La Fontaine. — Fables choisies, mises en vers par M. de La Fontaine, Paris, Denys Thierry, 1668-1694, 5 vol. in-12, fig. de Fr. Chauveau, mar. rouge, jans., dent intér., tr. dor. (Duru). 500 francs.

« Seule édition complète, publiée du vivant de La Fontaine. Tous les volumes sont de la bonne date. Le tome Ier est de l'édition de 1663 (*sic*). La première, in-12 le tome III de la première édition de 1694, porte le fleuron de Barbin. Exemplaire Desq, avec 2 corrections de la main de La Fontaine. »

Enfin pour terminer ces renseignements, nous ne pouvons mieux faire que de citer en entier ce que dit sur cette édition le catalogue Rochebilière, sous le n° 168 :

« Seule édition complète des Fables de La Fontaine qui ait été imprimée sous les yeux de l'auteur. » (Brunet, Manuel du Libraire, tome III, col. 751).

« Cette précieuse et célèbre édition se trouve difficilement complète et en bon état, la plupart des exemplaires, comme le fait remarquer M. Brunet, ayant passé par les mains des enfants.

Voici la collation exacte de ces cinq volumes, qui sont tous de Premier Tirage :

Tome Ier. — Armoiries du Dauphin, gravées en taille-douce et tirées à mi-page sur le titre, entre la désignation du tome et celle du lieu d'impression, 30 ff. prélim. non chiffr., 216 pages chiffr. Le dernier feuillet doit avoir au bas la réclame XIX. Plus un feuillet volant d'errata pour les tomes I et II, imprimé d'un seul côté, avec la signature. Tome I, à ⁊. (Ce feuillet manque la plupart du temps.)

Tome II. — 232 pag. chiff. et 2 ff. non chiff. pour la table.

Tome III. — 1 feuillet en tête pour un faux-titre imprimé. C'est le seul faux-titre qu'il y ait dans tout l'ouvrage ; il manque très souvent ou bien est remplacé par un feuillet blanc ; 1 feuillet pour le titre imprimé. Après ces deux prem. feuillets non chiffr., vient un feuillet détaché ou carton, tiré à part de la feuille d'impression, avec la signature. — Tome III, A, contenant un avertissement de La Fontaine sur ce nouveau recueil de ses Fables, qu'il dit devoir pour « la grande partie à Pilpay, sage indien ». Au bas du verso de ce feuillet, paginé 3-4, on remarque un errata de ce même tome III. La pagination se poursuit régulièrement jusqu'à la fin du volume, qui se compose de 220 pages chiffrées, y compris la table placée à la fin.

Tome IV. — 221 pag. chiffr., y compris le titre, 2

pages non chiffr. pour la table. Au bas de la table : Errata du tome IV. Au verso, dernière page, l'Extrait du Privilège du Roy, en 18 lignes, petits caractères.

Tome V. — Titre avec le chiffre entrelacé de Claude Barbin, 4 ff. prélim. non chiffr., y compris le titre, 228 pag. chiffr. (Les pages 187 et 188 sont répétées deux fois par erreur, et cette faute caractérise le premier tirage ; en réalité c'est 230 pag. qu'il faut compter pour le texte ; 1 feuillet final non chiffr. pour la table.

Outre cette collation, les exemplaires des 4 volumes de 1678-79, doivent contenir de nombreux cartons, qui ne sont qu'imparfaitement indiqués dans le Manuel du Libraire, ou sont restés inconnus à M. Brunet et à M. E. Deschamps, son continuateur.

Ces cartons aux passages supprimés sont de deux sortes. Les premiers sont des feuillets réimprimés, et on peut les apercevoir aux traces de l'onglet laissé par le feuillet supprimé ; les autres sont plus difficiles à découvrir ; ce sont des corrections faites sous presse pendant le tirage, et il faut avoir lu plusieurs fois le texte et l'avoir comparé avec plusieurs exemplaires pour découvrir ces petites différences, car aucun indice matériel ne signale au lecteur ces feuillets corrigés, qui ne figurent pas aux errata. Quoi qu'il en soit, ces petites particularités curieuses et à peu près ignorées démontrent avec quel soin méticuleux le *bonhomme* La Fontaine a revu et poli son œuvre définitive. On le verra pousser la minutie jusqu'à faire un carton pour un simple trait d'union et un point de trop sur un i (tome II, page 10, et tome IV, page 116).

L'exemplaire que nous présentons est *absolument complet de tous les cartons et passages supprimés*. On y a réuni tous les feuillets du texte primitif, sans exception, avec les cartons et les pages corrigées ou modifiées, de sorte qu'en outre de la collation que nous venons de faire, on trouvera en double, dans cet exemplaire, toutes les pages présentant des variantes ou différences quelconques. En voici la nomenclature détaillée :

Tome I. — 8ᵉ page, 15ᵉ ligne de l'Epître dédicatoire, le texte original porte « tant de *Peuple* » sans s, les exemplaires corrigés portent « tant de *Peuples* ».

2ᵉ page de la préface, 22-23ᵉ ligne ; dans les exemplaires non cartonnés, on lit cette phrase : « Il n'avoit pas *attendu* d'abord ce que ce songe signifiait », au lieu de : « il n'avoit pas *entendu*... » qu'on a imprimé plus correctement dans les autres exemplaires.

3ᵉ page de la Préface (verso du même feuillet), lignes 10-11, on a imprimé « *tempéramment* » avec deux m ; dans les exemplaires cartonnés, on a corrigé et écrit « *tempérament* ».

Page 85, 7ᵉ vers, le premier texte porte « *Jusqu'au* fond des eaux ». Dans les exemplaires cartonnés, on lit : « *Jusques au* fond des eaux. »

Le dernier vers de la même page est ainsi imprimé dans les exemplaires de premier état : « Les *patits* (sic) ont pâty des sottises des grands. »

On a corrigé dans les exemplaires cartonnés : « Les *petis* ont paty (sic) des sottises des grands. »

De plus, ces derniers exemplaires portent au bas la signature : Tome I, B, vij.

Page 98, 3ᵉ vers, des exemplaires portent :

« N'en *dormir* de plus de six mois. »

On a corrigé dans d'autres :

« N'en *dormit* de plus de six mois. »

Cette correction a dû être faite sous presse, car il n'y a pas de trace de carton dans les exemplaires reliés de l'un ou de l'autre état.

Page 99. Dans les premiers exemplaires tirés, on a

omis un vers et on remarque au commencement ces deux vers qui ne riment pas :

« D'abandonner sa cour, d'aller vivre au désert,
« Avec mainte autre extravagance. »

On a corrigé ensuite et rétabli ainsi le texte :

« De quitter toute dépendance
« Avec mainte extravagance. »

Cette correction a dû être faite sous presse, comme la correction de la page 98, qui fait partie de la même feuille I, car on n'aperçoit pas de carton.

Page 169, la gravure n'est pas tirée dans les exemplaires primitifs ; la place qu'elle doit occuper est restée en blanc. Les deux derniers vers, au verso de ce même feuillet (page 170), sont ceux-ci :

« A l'*ayde* de cette machine
« *De ce lieu* je sortiray. »

Dans les exemplaires cartonnés, la gravure est tirée et les vers sont ainsi corrigés :

« A l'*aide* de cette machine
« *De ce lieu-cy* je sortiray. »

Tome II. — Page 10, 4ᵉ vers, on a ajouté un simple trait d'union dans les exemplaires de second état et on a rétabli le mot « expérience », 8ᵉ vers, qu'on avait imprimé par erreur « expérïence », avec un tréma sur l'i, dans les premiers exemplaires.

Page 47, les exemplaires cartonnés portent en bas cette signature : Tome II, D. iv.

Page 48, 8ᵉ vers, les exemplaires de premier état portent :

« *La République* des Oyseaux. »

On lit dans les autres :

« Les Républiques des Oyseaux. »

Tome III. — Page 10, 2ᵉ vers, on lit dans les exemplaires de premier tirage :

« Capable d'enrichir *un* jour l'Achéron. »

Dans les autres exemplaires, on a corrigé ainsi ce vers :

« Capable d'enrichir *en un* jour l'Achéron. »

Cette correction a été faite sous presse ; il n'a pas été fait de carton.

Page 101, 4ᵉ vers, ou lit « *ameine* » dans le texte primitif et « *amene* » dans le carton. Le texte du 7ᵉ vers :

« Il s'entremêle certains jours »

est ainsi modifié dans les exemplaires cartonnés :

« (Et sans cela nos gains seraient assez honnestes).

« Le mal est que dans l'an s'entremeslent des jours. »

Ces derniers exemplaires ont au bas de la page la signature : Tome III T iij.

Page 102, 8ᵉ vers, on lit « *quita* » avec un seul t dans les premiers exemplaires ; on a corrigé depuis et on trouve « *quitta* » dans le carton.

Page 123, 6ᵉ vers, les exemplaires de premier état portent « et *craignent* peuples coups » ; on lit dans les autres : « En *craignant* peu les coups. »

Page 135, le 1ᵉʳ vers commence, dans le premier texte, par ces mots :

« *N'habite pas longtemps...* »

Dans les exemplaires cartonnés, on a changé en « N'habite pas *toujours...* »

Tome IV. — Page 20. Les deux derniers vers de la fable du Singe et du Léopard sont ceux-ci dans le texte original ;

« O que de grands seigneurs au Léopard semblables,
« Bigarrez en dehors, ne sont rien en dedans ! »

Ils sont ainsi modifiés dans les exemplaires cartonnés.

« O que de grands seigneurs au Léopard semblables
« N'ont que l'habit pour tous talens ! »

Ce carton porte au bas de la page 20 la signature Tome IV, B ij.

Page 115, 7° vers, on lit : « *quoy jolly* » qui n'a pas de sens dans la première impression.

On a rétabli la véritable leçon : « *quoy joüir* » dans la page réimprimée. Le premier mot du 7° vers est orthographié « *appren* » sans D dans le premier tirage ; on trouve « apprend » dans les exemplaires corrigés. En outre, les exemplaires cartonnés sont reconnaissables à la signature suivante, qui se trouve au bas de la page : Tomo IV (sic), K ij.

Page 116, 10° vers, on a supprimé le trait d'union qui existait entre les mots *aussi-tost*.

Les exemplaires où ce signe est resté sont de premier état.

Bel exemplaire grand de marges. — Tous les volumes sont de même hauteur ou à peu près. Ils varient tous entre 157 et 158 millimètres de hauteur. *Cet exemplaire est de beaucoup le plus complet qui ait jamais passé en vente,* sans même excepter celui qui faisait partie de la bibliothèque de M. G. P. (Guy-Pellion), vendue en février dernier, où un exemplaire était annoncé comme contenant des cartons non signalés. » (Catalogue Rochebilière, mai 1882.)

6. — *Réimpression* de la dernière édition originale en 5 volumes in-12, parue du vivant de l'auteur, 1678 à 1694.

Nous avons examiné un exempl. de cette réimpression et voici ce que nous avons trouvé :

Fables choisies mises en vers par Mʳ de La Fontaine et par luy revues corrigées et augmentées à Paris chez Denys Thierry rue St-Jacques et Claude Barbin au Palais MDCLXXVIII. avec Privilège du Roy.

5 volumes ou parties in-12.

Le 3ᵉ volume a seul un faux-titre, les autres n'en ont pas. Le 1ᵉʳ, le 2ᵉ, le 3ᵉ volumes sont datés MDCLXXVIII. Le 4ᵉ volume est daté MDCLXXIX.
Le 5ᵉ volume est daté MDCXCIV.
Le titre exact des 2ᵉ, 3ᵉ et 4ᵉ volumes est celui-ci :

« Fables choisies mises en vers par Mʳ de La Fontaine. Tome (nᵒ) (pour le 3ᵉ et 4ᵉ volumes, le mot tome n'est pas employé ; à la place il y a « Troisième partie » « quatrième partie », comme dans l'édition originale la dernière parue du vivant de l'auteur) à Paris, etc. ».

Le titre exact du 5ᵉ volume est celui-ci :

« Fables choisies mises en vers par Mʳ de La Fontaine à Paris, chez Claude Barbin au Palais, sur le second Perron de la Sainte-Chapelle (la date) avec privilège du Roy. »

Le Fleuron du titre du 1ᵉʳ volume est un fleuron triangulaire, représentant des arabesques ou fleurs. (Différence avec l'édition originale la dernière parue du vivant de l'auteur.)

Celui des 2ᵉ, 3ᵉ et 4ᵉ volumes est le même pour les trois volumes, il représente une corbeille de fleurs (gravée sur bois).

Enfin comme dans l'édition originale, le fleuron du 5ᵉ volume est formé de lettres entrelacées. Chiffre de Claude Barbin.

Comme pagination dans le tome V, les pages 189 et 190 répètent 2 fois de la façon suivante : après la 1ʳᵉ page 190 recommence une 2ᵉ page 189 suivie d'une 2ᵉ page 190. (Différence avec l'édition originale la dernière parue du vivant de l'auteur.) (Ce 5ᵉ volume dans cet exemplaire examiné par nous n'est pas le volume de la réimpression, mais le 2ᵉ tirage signalé par Brunet du 5ᵉ vol. de l'éd. orig.)

Quant aux vignettes elles sont les mêmes que celles

de la dernière édition originale, mais beaucoup de planches ont été retaillées et toutes sont usées.

Voici ce qui diffère encore de l'édition originale, le reste est absolument semblable :

Dans le 1er volume :

Page 118, livre 2, fable XIV : le lièvre et les grenouilles, la vignette n'est pas signée.

Dans le 2e volume :

Page 123, livre V, fable IX : le laboureur et ses enfans (sic).

Page 135, livre V, fable XIV : l'asne portant des reliques, ont des vignettes qui ne sont pas signées.

Dans cette réimpression une différence encore avec la dernière édition parue du vivant de l'auteur se trouve dans le 1er volume :

Après la vie d'Esope vient le même privilège du Roi que celui se trouvant dans l'éd. originale au-dessous duquel se trouvent ces mots :

« Achevé d'imprimer pour la 1re fois le 3e jour de mai 1678. » Régistré sur le livre, etc... le 2 septembre 1777... signé, E. Couterot syndic. »

Mais ce privilège dans cette réimpression est suivi d'un autre privilège du Roy ainsi conçu et qui explique cette réimpression :

« Autre Privilège du Roy :

Louis par la grâce de Dieu, Roy de France et de Navarre, à nos amez et feaux Conseillers les gens tenans nos cours de Parlement, Maistres des Requestes ordinaires de Notre Hôtel, Intendans de nos Provinces, Prévost de Paris, Baillifs, Sénéschaux, leurs Lieutenans Civils, et à tous nos autres Justiciers et Officiers qu'il appartiendra, *Salut*. Nostre bien Amé *Pierre Trabouillet*, Marchand Libraire à Paris, nous a fait remontrer qu'il aurait cy-devant imprimer à grands frais,

*Les œuvres de Molière en huit volumes et les Fables de
La Fontaine en quatre volumes,* pour nostre très cher
et très-amé Fils le Dauphin, l'un et l'autre de ces
Livres enrichi de beaucoup de figures : pour lesquels
il aurait fait de grandes dépenses, tant pour acheter la
cession des Privilèges que pour les autres frais qu'il
est convenu faire pour l'impression desdits Livres :
Mais comme ces Privilèges sont près d'expirer, et qu'il
luy reste beaucoup d'Exemplaires qu'il n'a pu distri-
buer, tant par les contrefaçons que quelques Libraires
mal intentionnez de Notre Royaume luy ont faites, que
par ceux des Païs étrangers, ce qui luy tournerait en
pure perte, s'il n'y estait pourvû par la continuation
de nos Lettres de Privilèges, qu'il nous a très humble-
ment supplié luy vouloir accorder.

A ces causes, voulant favorablement traiter ledit Exposant en consideration de la Perte qu'il a faite par
l'incendie arrivé au collège de Montaigne, où ses livres
furent entièrement brulez, et que nous avons esté infor-
mez qu'il n'a point eu pour se dedommager en quelque manière de ses pertes, des continuations de Privilèges, comme ses autres confrères qui estaient tombez
dans le même malheur de l'incendie ; et pour d'autres
considérations à nous connues, nous luy avons permis
et permettons par ces présentes, d'imprimer ou faire
imprimer par tel Libraire ou Imprimeur qu'il voudra
choisir : sçavoir, *les œuvres de Molière en huit volumes,*
et *les Fables de La Fontaine en quatre volumes*; et ce
pendant le temps de vingt ans consécutifs, à compter
du jour que chacun desdits Livres sera achevé de réimprimer en vertu des présentes iceux vendre et distri-
buer par tout nostre Royaume ; et faisons très-expres-
ses inhibitions et défenses à tous Libraires, Imprimeurs,
et autres personnes de quelque qualité et conditions

qu'elles soient, de réimprimer ou faire réimprimer, vendre ny débiter lesdits Livres en quelque sorte et manière que ce soit, mesme des Impressions étrangères ou autrement, sans le consentement dudit Exposant ou de ses ayans cause, à peine de confiscation des Exemplaires contrefaits, six mille livres d'amende, applicable moitié à nous, et moitié audit Exposant, et de tous les dépens, dommages et Interests, a condition qu'il en sera mis deux exemplaires de chacun en nostre Bibliothèque publique, un en nostre cabinet des Livres en nostre Chasteau du Louvre, et un en celle de nostre très-cher et féal Chevalier Commandeur de nos ordres le Sieur Bancherat, Chancelier de France ; comme aussi qu'ils seront réimprimez sur de beau et bon papier et en beaux caractères, suivant les réglements de la Librairie et Imprimerie des années 1618 et 1686, que ladite réimpression s'en fera dans nostre Royaume et non ailleurs, et de faire enregistrer ces présentes sur le Registre de la Communauté des Marchands Libraires de Paris, le tout à peine de Nullité des Présentes ; du contenu desquelles, pour les causes et considérations susdites nous mandons et enjoignons de faire jouir ledit Exposant et ses ayans cause pleinement et paisiblement, cessant et faisant cesser tous troubles et empêchements contraires : voulons qu'en mettant au commencement ou à la fin desdits Livres, l'Extrait des Présentes, elles soient tenües pour deüement signifiées ; et qu'aux copies collationnées par l'un de nos amez et beaux conseillers foy soit ajoutée comme à l'original commandons au premier nostre Huissier ou Sergent faire tous exploits, significations, défenses, saisies et autres actes de Justice requis et necessaires, de ce faire luy donnons pouvoir, sans demander autre permission.

Car tel est nostre plaisir. Donné à Paris le 18 septembre 1692, et de Nôtre regne le cinquantième. Signé, Par le Roy en son Conseil, *Gamart*. Et scellé du grand sceau de cire jaune.

Registré sur Le livre des Libraires et Imprimeurs de Paris le 21. Octobre 1692. Signé, *P. Aubouin*, Syndic. Ledit Trabouillet a associé au Privilège des OEuvres de Molière, Denys Thierry, ancien Juge Consul de Paris, et Claude Barbin, Marchands Libraires, chacun pour un tiers ; et leur a cedé entièrement tout le droit du Privilège des Fables de la Fontaine. »

D'apres ceci on voit que cette réimpression a été faite en 1692 sous les anciennes dates des édit. précédentes. Dans cette réimpression la table des fables n'est pas comme dans l'édition originale à la suite du Privilège, mais à la fin du volume. Les fables sont par lettres alphabétiques et cette table est suivie d'un errata pour le tome I et le tome II.

Cet errata ne devrait pas exister dans cette réimpression puisque l'édition est corrigée cependant certains exemplaires malgré les corrections contiennent ce feuillet d'errata.

En tête de la feuille est imprimé : « Errata. » « Tome Ier » puis dans le courant de la feuille « tome Ier » et après les corrections concernant le tome Ier, « Tome II » sur la même feuille.

Dans l'idée de l'éditeur les 4 premières parties devaient ne faire que 2 volumes, car si chaque partie avait dû former un volume les erratas de chaque partie auraient été sur des feuilles différentes ou bien les erratas pour les 4 parties auraient été réunis ensemble.

En outre au bas de la Page sur laquelle sont écrites ces corrections est imprimé séparément en plus petits caractères italiques : « Tome Ier. »

Dans l'édition originale cet errata se trouve à la fin du Tome II.

Le 2ᵉ privilège du Roy qui est dans le 1ᵉʳ volume de cette réimpression se trouve dans le 2ᵉ volume imprimé après la table et termine ce volume.

Après « la jeune Veuve » se trouve l'*Epilogue*. Celui-ci n'est pas suivi d'un errata comme dans l'édition originale, la dernière parue du vivant de l'auteur.

Sur l'exemplaire de la Bibliothèque Nationale de cette réimpression, est écrit à la main :

1ᵉʳ V. : « Réimpression fautive de la même année pour les 2 premiers vol. c'est la 4ᵉ édition et avec les cartons de la feuille 47 au tome II.

1ᵉʳ volume : « Exemplaire de l'édition réimprimée ou qui a des cartons — Voyez la Fable du Savetier et du Financier. Mais qui n'a pas le bon carton à Fable du singe et du Léopard T. 4 page 20.

2ᵉ volume : Avec le carton page 47.

3ᵉ volume : Ce volume a le carton à la page 101.

4ᵉ volume : Avant le carton de la page 19 qui ne s'y trouve pas. »

On voit par là que certains exemplaires de cette réimpression ont par conséquent des cartons.

1687

7. — *Fables choisies mises en vers par M. de La Fontaine et par luy reveues corrigées et augmentées de nouveau.*

Suivant la copie de Paris à Amsterdam. Chez Pierre Mortier, Libraire sur le Vygendam, à la Ville de Paris MDC. LXXXVII.

1 volume in-12.

Fleuron sur bois sur le titre.

Les 6 premiers livres finissent page 132 par un petit cul-de-lampe sur bois.

La page 133 commence par un en-tête sur bois avant la dédicace en vers à Mme de Montespan qui commence par la lettre L ornée.

Le 7e livre est numéroté livre 1.
Le 8e livre — livre 2.
Le 9e livre — livre 3.
Le 10e livre — livre 4.
Le 11e livre — livre 5.

Le livre 5 c'est-à-dire le livre 11 se termine page 275.

La table prend 4 feuillets et 7 pages. Ces pages ne sont pas numérotées à l'exception de la 3e qui porte le n° 219.

Les fables sont dans la table par lettres alphabétiques.

Au bas de la dernière page de la table commence : le Catalogue des livres nouveaux qui se trouvent chez ledit Mortier.

Ce catalogue continue les 2 pages suivantes.

Chaque fable est séparée de la précédente par une petite dentelle sur bois. La dédicace en prose « A Mgr le Dauphin » est précédée d'un en-tête sur bois et commence par la lettre ornée M.

La préface commence par la lettre ornée L et est précédée d'un en-tête sur bois.

La vie d'Esope le Phrygien commence par la lettre ornée N et est précédée d'un en-tête sur bois.

La dédicace en prose, la préface, et la vie d'Esope ne sont pas paginées.

La dédicace en vers à Mgr le Dauphin commence par la lettre ornée I et est précédée d'un en-tête sur bois.

Elle est paginée 1 : la fable 1 est paginée 2.

Les Fables dans les onze livres sont numérotées en chiffres romains.

La première porte le n° I, la dernière, « les Souris et le Chat-Huant » le n° CCVIII.

Cet exemplaire est catalogué aussi à la Bibliothèque Nationale : « Réserve Y 6604 + Ab ».

1688-1694

8. — *Fables* || *choisies* || *mises en vers* || *par Monsieur* || *de La Fontaine* || *et par luy revues corrigées et* || *augmentées de nouveau* || *(suivant la copie imprimée à Paris et se vendent)* || *à la Haye* || *Chez Henry Van Bulderen* ||, *Marchand libraire dans le Pooten à* || *l'enseigne de Mezeray* || *1688* || (voir l'édition d'Anvers de 1688-1694). En 5 parties in-8 avec Figures. .

Le *Frontispice* est signé : J. de Houge 1687. Sur ce Frontispice est imprimé ceci : « Fables || choisies || par M. de La Fontaine || avec Figures || à la Haye || Chez Henry van Bulderen ||, Marchand libraire || à l'enseigne de Mezeray 1688 || ».

Figures à mi-page de H. Cause d'après Chauveau. On lit sur quelques-unes de celles-ci : « H. Cause sc. », sur quelques autres : « H. C. » et sur le reste ne se trouve aucune signature. Quelques-unes de ces gravures sont originales. Aucune des figures de la 5e partie n'est signée.

Sur la 1re page du livre 1er avant ces mots : « Fables choisies à Monseigneur le Dauphin », se trouve une vignette non signée.

Le Fleuron qui se trouve sur le titre représente deux Plumes croisées au milieu de Fleurs (gravure sur bois).

A la fin de certaines fables, mais pas à la fin de toutes se trouve un cul-de-lampe sur bois.

La 5ᵉ partie est datée de 1694. Au bas du titre de cette 5ᵉ partie est écrit : « Avec privilège des états de Hollande de Westfrise. »

Le Privilège suit ce titre, sur la feuille suivante ; il est en Hollandais et tient 4 pages, il se termine ainsi : « En Waas geteeckent. Simon van Beaumant. »

A propos de cette édition, on lit dans Brunet :

« Jolie édition dont le texte et les figures sont copiés sur l'édition de Paris 1678-1694. Les Beaux exemplaires en sont aussi recherchés. Vendu en mar. r. 20 francs Bertrand ; en mar. v. par Derome 5 liv. Libri en 1859 ; en mar. bl. 81 francs Solar. »

Paul Lacroix pense comme Brunet que les figures de Cause sont imitées de celles de Chauveau.

On lit encore dans Brunet (S. p. t.)

La cinquième partie a été publiée isolément en 1694.

En veau mais avec la Fable le Pot de fer et le Pot de terre, de la main de La Fontaine, ajoutée, 162 francs seulement d'Artigue et se vendrait aujourd'hui plus du double ; l'exempl. du prince Radzivill en mar. et en 2 vol. acheté par M. Leb. de Montgermont 325 francs en 1865 a été vendu 2 000 francs en 1876 à la librairie Morgand qui le fait figurer pour 2 400 francs.

Il existe des suites de figures hors texte (sans aucun texte au verso) de Chauveau (Edition La Haye Van Bulderen). Figures de l'Edition de Denys Thierry et Claude Barbin (1678-1694).

Il existait une de ces suites de 134 figures qui appartenait à M. Alfred Piet, de la Société des Amis des Livres.

9. — *Fables choisies mises en vers par Monsieur de La Fontaine. Anvers 1688-1694. Figures.*

Le titre exact de la Première partie est celui-ci :
« *Fables choisies mises en vers par Monsieur de La Fontaine, Et par luy reveües, corrigées et augmentées de nouveau. Première Partie* (Là se trouve un fleuron sur bois qui est le même pour les 4 premières parties). *Suivant la copie imprimée à Paris et se vendent à Anvers, chez Henry van Dunewalt, Marchand Libraire au marché aux œufs, aux 3. Moines MDCLXXXVIII.* »

Le titre de la seconde Partie est exactement le même que celui de la 1re ; les mots suivants du titre de la 1re partie « *Et par luy reveües, corrigées et augmentées de nouveau* » manquent dans le titre de la seconde partie. Les mots « Première Partie » sont en outre remplacés par les mots « Seconde Partie ».

Le titre de la 3e partie est exactement le même que celui de la 2e ; « Seconde Partie » est remplacée par « Troisième Partie ».

Le titre de la 4e partie est exactement le même que celui des 2 précédentes parties : « Troisième Partie » est remplacée par « Quatrième Partie ».

Les 4 premiers volumes ou Parties sont donc datés de 1688.

Le 5e volume seul est daté de 1694 (Ce 5e volume manque dans l'exemplaire de la Bibliothèque Nationale).

Les figures sont à mi-page et toute de Hew, Cause (Voir l'édition de la Haye 1688. — Ce sont exactement les mêmes planches que celles de cette édition, mais retaillées. — La Vignette avant la Dédicace en vers à Mgr le Dauphin est la même que celle de 1688 (la Haye) mais retaillée).

Quelques-unes des figures de cette édition ne sont pas signées. Elles sont retaillées et un peu boueuses. La 1re planche surtout : la Cigale et la fourmi (remarquez les nuages).

Les Culs-de-lampe sont tous les mêmes, mais retaillés, que ceux de l'édition de la Haye 1688.

Le Premier Tome commence par un Frontispice signé : « R. de Hooge f. 1687 » sur la base d'une colonne.

Sur ce Frontispice est écrit : « Fables choisies par M. de La Fontaine avec figures. » Ceci est sur une pierre au centre du Frontispice.

Sur la terre plus bas est écrit : « Suivant la copie imprimé à Paris et se vendent || à Anvers || chez Henry Van Dunewalt || Marchand Libraire au Marché aux œufs || aux 3 Moines. »

Tous les Chapitres, Epistre à Monseigneur le Dauphin, Préface, Vie d'Esope, qui sont avant les fables commencent par une vignette sur bois et une lettre historiée (M. L. N.)

La préface se termine seule par un cul-de-lampe sur bois.

Ces 3 chapitres ne sont pas paginés. Un feuillet blanc se trouve entre la vie d'Esope et la 1re fable ou pour mieux dire, Dédicace en vers à Mgr le Dauphin.

La 1re page paginée « Pag. I » est celle sur laquelle se trouve cette Dédicace.

La 1re lettre du premier vers de cette Dédicace est un J historié.

En tête de cette dédicace est une vignette sur cuivre moitié des figures de chaque fable. Presque toutes les fables se terminent par un cul-de-lampe sur bois.

Le tome 1er qui contient les 3 premiers livres se termine page 123.

Les pages 124, 125, 126, non paginées contiennent la « Table des Fables contenües dans cette première partie » par lettres Alphabétiques.

Le tome 2 qui contient les livres 4, 5, 6, va de la page 141 à la page 268.

Page 233, livre VI, Tome 2, la Fable : « Phœbus et Borée » est numérotée II au lieu de III. Il y a donc deux fables II dans ce livre. Les pages 269-270 contiennent « la table des Fables contenües dans cette seconde partie » par lettres alphabétiques.

Le tome 3e ou 3e partie commence page 3 par « Avertissement » (Vignette sur bois, ornements) (1re lettre (V) ornée).

Sur les pages 5 et 6 se trouve l'Apologue à Mme de Montespan (pas de vignette, lettre ornée L).

La 3e partie recommence livre I et contient les livres 1 et 2.

Page 87, livre II tome 3, la fable « l'Horoscope » est numérotée XV au lieu de XVI. Il y a donc dans ce livre deux fables XV.

Cette 3e partie se termine page 117. Les pages 118, 119, 120 non paginées sont consacrées à la « table des fables contenües dans cette 3e partie » par lettres alphabétiques.

La 4e partie contient les livres 3, 4, 5. La fable « le Milan et le Rossignol » page 158 livre 3 n'est pas numérotée. Ce serait la fable XVIII.

La fable « le Berger et son troupeau » page 160 livre 3 n'est pas numérotée. Ce serait la fable XIX.

La fable « les 2 rats, le Renard et l'œuf » page 168 livre 3 n'est pas numérotée. Ce serait la fable XX.

La 4e partie commence page 119 et se termine page 233.

Les pages 234, 335, 236 non paginées contiennent la « table des fables contenües dans cette 4e partie par lettres Alphabétiques ».

Le 1er livre contient 22 figures.

Le 2ᵉ livre contient 19 figures.
Le 3ᵉ   —   18 —
Le 4ᵉ   —   21 —
Le 5ᵉ   —   21 —
Le 6ᵉ   —   18 —
Le 1ᵉʳ livre contient 17 figures.
Le 2ᵉ   —   27 —
Le 3ᵉ   —   20 —
Le 4ᵉ   —   15 —
Le 5ᵉ   —   9 —

Remarque : Livre 1. Tome 1. Page 28. « Le Voleur et l'Ane », la figure cache la moitié du numéro XIII de la fable.

Livre 2, tome 1. Page 68. « Le Lion et le Rat ». Même remarque sur le numéro XI de la Fable. Nous avons fait cette remarque dans plusieurs exemplaires.

Avant de terminer l'étude de cette édition nous donnerons l'explication ou description du Frontispice. Ce Frontispice est exactement le même que celui de l'édition de La Haye 1688 chez Henry Van Bulderen. Seulement il est moins net, la planche a été retaillée et est boueuse. En outre, tout ce qui est écrit dans le frontispice sur la terre a été changé. Seule l'écriture sur la pierre est la même.

Description du Frontispice.

Au premier plan un satyre accroupi (devant le globe terrestre à moitié couvert d'un voile sur une partie duquel est placé un masque) tient d'une main un fouet à 2 lanières avec lequel il indique le nom de La Fontaine, de l'autre main un instrument de musique comme ceux dans lesquels soufflent les bergers. Au 2ᵉ plan derrière la pierre sur laquelle est écrit « Fables choisies par » etc., se tient Minerve debout (ou du moins une femme dont la tête est couverte d'un casque surmonté d'un sphinx ailé à tête de femme), d'une main elle écrit ce que semble lui dicter un 3ᵉ personnage (une femme qui joue de la lyre, cette lyre est surmontée d'une fleur de lis ; cette 2ᵉ femme a des ailes de chaque côté de la tête et une étoile au-dessus) de l'autre main elle se tient à une colonne.

Sur les plans qui suivent on voit une pyramide (sur laquelle sont gravés des animaux), puis des arbres, un jet d'eau, enfin une montagne au haut de laquelle se trouve un cheval ailé.

On lit à propos de cette édition dans P. Lacroix (Nouvelles Œuvres inédites de L. F. Bibliog. Paris, Hachette 1868) :

Quoique le Frontispice porte *revue,* corrigée, et augmentée par l'auteur, cette édition est absolument conforme à celle que La Fontaine avait publiée à Paris chez Thierry et Barbin en 1678, 1679 et 1694. Les figures de cette édition ont été copiées sur celles de Paris mais dans un cadre plus grand.

1693

10. — *Fables* || choisies || . *Mises en vers* || par monsieur || *de La Fontaine,* || Et par luy revuës, corrigées et || augmentées de plusieurs || *Fables.* ||

Là se trouve un fleuron sur bois représentant une ville. A droite, des maisons sont construites sur le bord d'une rivière ou d'un canal. Il en est de même à gauche. Au milieu sur le premier plan se trouve le canal ou la rivière et sur le dernier plan sont construites des maisons derrière un pont dont on voit les arches, Toutes ces maisons sont surmontées de Dômes, Clochets, Clochetons. En haut, au ciel, à gauche, des nuages.

La grandeur du fleuron qui est entourée d'un trait

carré est de : 35 millimètres de hauteur sur 60 millimètres de largeur.

Au-dessous du fleuron le titre continue ainsi : || *A Amsterdam* || chez Pierre Mortier, Libraire || sur le Vygendam || — || *M.CD.XCIII.* || 1 volume in-8.

Ce titre est imprimé en deux couleurs, rouge et noir. Les parties soulignées sont rouges, les autres noires.

Avant le titre se trouve un frontispice. Il est signé en bas à gauche presque au milieu au-dessus d'un double trait carré formant cadre au frontispice, c'est-à-dire à l'intérieur de ce cadre : « Jauvau ou Jauyen vianen fecit. »

Description du Frontispice.

L'ensemble représente un paysage composé surtout de rochers :

1ᵉʳ plan : à droite un cygne nage sur une mare ; 2ᵉ plan : au milieu une panthère, un lion, un lapin, une grenouille regardent en l'air un homme placé sur un rocher plus élevé qu'eux, situé au 3ᵉ plan. Cet homme est vêtu en costume romain, la tête couronnée de lauriers ; il est assis sur un rocher situé plus à droite qu'à gauche et joue de la lyre. Il a le corps tourné vers la gauche. A ses pieds sur le même rocher que lui sont de petits animaux qui le regardent. Au 2ᵉ plan à droite, une autruche, à gauche un cheval et un bœuf le regardent aussi.

Au 3ᵉ plan de chaque côté du frontispice se trouve un arbre. Ils montent tous deux presque en haut du frontispice ; sur l'arbre de droite un singe et un aigle sont perchés regardant le personnage du 3ᵉ plan. Sur l'arbre de gauche sont perchés un paon et un écureuil regardant aussi le même personnage.

Au milieu du frontispice en l'air, accroché aux branches de chacun des arbres de droite et de gauche, se trouve un médaillon rond entouré d'un cadre dont les ornements forment presque un triangle.

Ce médaillon contient ces mots gravés :

Fable (sic) || choisies || de La || *Fontaine* ||.

Ce frontispice est mauvais, il est retaillé et cependant il est usé.

L'Epistre || « A || Monseigneur || Le || Dauphin » || en prose commence par la lettre ornée sur bois M, et est précédée en haut de la page d'un large ornement sur bois, Elle contient 3 feuillets non paginés.

Vient ensuite la Préface surmontée d'un ornement sur bois, paginée 11. 12. 13. 14. 15. 16. 17. 18. Elle commence par la lettre ornée sur bois L.

A la page 19 se trouve « La vie || d'Esope || Le Phrygien || surmontée d'un ornement sur bois et commençant par la lettre ornée sur bois N.

Elle se termine page 40.

A la page 41 paginée ainsi : « Pag. 41 » commencent les « Fables || choisies || à Monseigneur || Le Dauphin. || Ces mots sont surmontés d'un très large ornement sur bois au-dessus et à la droite duquel est la pagination.

Cette dédicace à Monseigneur le Dauphin commence par un I orné. La 1re fable est à la page 42.

Chaque fable est séparée de la précédente et de la suivante par un ornement sur bois.

A côté de la pagination comme en-tête de page sur toutes les pages paginées paires, c'est-à-dire sur le verso des feuillets (lorsque ce sont des feuillets de fables) sont imprimés ces mots :

« Fables choisies » et sur les pages paginées impaires, c'est-à-dire sur le recto des feuillets sont imprimés ceux-ci : « Livre I » ou II ou III, etc., suivant le livre.

Le 1er livre finit page 67 presque à la fin.

Le 2ᵉ livre commence à la même page et finit page 94.

Le 3ᵉ livre commence à la même page 94 et finit page 116.

Le 4ᵉ livre commence page 117 et finit page 144.

La page 129 est paginée 125.
— 130 — 126.
— 131 — 127.
— 132 — 128.
— 133 — 129.

Il y a donc dans le livre 4 deux pages 125, deux pages 126, deux 127, deux 128. Après la page 129 qui est en réalité la page 133, la pagination qui devrait être 134 est 130, puis 132, 133, 134, etc., etc., la pagination continue ainsi.

Le livre cinquième commence au milieu de la page 144 et finit page 166.

Au haut de la page 165 de la fable XX, l'Ours et les deux Compagnons du Livre V, est imprimé : « Livre VI » au lieu de Livre V.

Le livre sixième commence page 167 et finit page 191.

La page 192 contient l'Apologue « || A || Madame de || Montespan || et commence par la lettre ornée sur bois L.

La page 194 commence le « Livre Premier » « Fable I », « Les animaux malades de la Peste ». Ce livre finit page 222.

La page qui suit la page 204, « VI ». La Cour du Lion || est paginée 203 au lieu de 205 et la page suivante 204 au lieu de 206.

Dans ce livre il y a donc deux pages 203 et deux 204.

La page qui suit la dernière page 204 est paginée 205, puis les autres 206, 207, etc.

Page 223 « Livre Second ». Fable I « La mort et le mourant ». Ce livre finit page 268.

La page 241 est paginée 242, il y a donc 2 pages 242 et pas de 241.

La Fable XVI, « l'Horoscope » page 247 est numérotée XV, il y a donc deux fables XV et pas de fable XVI.

Page 268 « Livre troisième ». Fable I « Le Dépositaire Infidèle ». Ce livre finit page 307.

La page 293 est paginée 295.
— 296 — 298.
— 297 — 299.
La page 298 est bien paginée.

Il y a donc deux pages 295, pas de 293 ; deux pages 298, pas de 296, pas de 297.

Après la 2ᵉ page 298 la pagination reprend 301, 302, 303, etc., au lieu de 299, 300, 301, 302, etc.

Page 307 « Livre quatrième » Fable I.
« L'homme et la couleuvre. »
Ce livre finit page 332.

La Fable XV page 330, « le Marchand, le Gentilhomme, le Pâtre et le fils de Roi » est numérotée V au lieu de XV.

Le « Livre cinquième » commence page 333 « Fable I » « Le Lion » et finit page 369 par un cul-de-lampe sur bois.

La dernière fable de ce livre qui est la dernière du volume est la fable XVIII « Le Renard Anglois » Fable ». A Madame Hervay, page 366.

La page 345 est paginée 245.

La page 364 est paginée 384.

La page qui suit cette page au lieu d'être paginée 365 est paginée 363.

Les pages suivantes sont paginées 364, 365, 366, 367, 368, 369 au lieu d'être paginées 366, 367, 368, 369, 370, 371.

La dernière page devrait donc être la page 371 au lieu de 369.

Il y a donc deux pages 363.

A partir de la page 352, les titres des fables changent de caractères et sont en gros caractères droits d'imprimerie au lieu d'être en petits caractères italiques et le mot « Fable » se trouve après chaque titre, ce qui n'avait pas lieu pour les autres fables.

Ces Fables sont :
- X. *La Folie et l'Amour.*
- XI. *Le Renard, le Loup et le Cheval.*
- XII. *|| Le Rat, le Corbeau, || la Gazelle et la Tortue||.*
- XIII. *|| La Forest et Le ||* Bucheron.
- XIV. *|| Le Renard, et Les ||* Poulets d'Inde *||.*
- XV. *Le Singe.*
- XVI. *|| Le Philosophe ||* Scithe *||* (sic).
- XVI. *|| L'Éléphant et Le ||* Singe de Jupiter *||.*
- XVII. *Un fou et un sage.*
- XVIII. *Le Renard Anglois.*

Tous les mots soulignés sont en très gros caractères. On voit d'après ce tableau qu'il y a deux fables numérotées XVI. Page 384 et page 364.

La || Table || des || Fables || contenues dans ce Livre || (sic) (pour volume) par lettres alphabétiques vient ensuite : Elle comprend la page 370 qui n'est pas paginée, plus quatre feuillets complets qui ne sont pas paginés non plus.

A propos de cette édition, on lit dans P. Lacroix Bib[ie] 1868 : « Fables choisies..... *suivant la Copie de Paris, à Amsterdam, chez P. Mortier, 1693.* 2 part. en 1 vol. in-12 de 18 ff. non chiff., 246 pag. et 4 ff. de table.

« Cette édition divisée en XI livres ne contient que 192 fables au lieu de 208. On trouve, à la fin du

Litre VI quatre épigrammes dont l'*Épitaphe d'un paresseux*, et un *Rondeau redoublé*. »

11. — *Fables | choisies,* | mises en vers | par Monsieur | *de La Fontaine.* | Première Partie | ou seconde ou troisième partie.

Là se trouve un fleuron sur bois (chiffre de Daniel de la Feuille surmonté d'une couronne qui est soutenue par 2 amours. Ceux-ci tiennent de leur autre main une banderolle qui passe sous le chiffre et sur laquelle est écrite la devise : « Pour Dieu et pour l'Estat »). | *A Amsterdam,* | chez Daniel de la Feuille, | Demeurant près de la Bourse. | — | *M.DC.XCIII* |.

Titre imprimé pour la 1re partie (seulement) en rouge et en noir ; les parties soulignées sont rouges, les autres noires.

Les titres de la 2e, 3e et 4e parties sont exactement les mêmes, mais imprimés en noir seulement.

La 1re partie commence par un frontispice formant faux-titre.

Ce frontispice est entouré d'un double trait carré.

Description du frontispice :

Au 1er plan à droite, un satyre couché, figure de face, tient au-dessus de la boule du monde de sa main gauche un martinet à deux lanières, de sa droite une flûte de pan. A droite de la boule du monde un masque de comédien est placé sur une draperie ; au-dessous de la boule du monde se trouve cette inscription en noir : || A Amsterdam, | Chez Daniel de La Feuille, | Près de la Bourse. M.DC.XCIII. |

Au 2e plan est placée une console de pierre sur laquelle on lit cette inscription || Fables | choisies | par Mr de la Fontaine | avec figures |.

Sur cette console à gauche se tient appuyée une

femme en costume de Minerve, regardant vers la droite un génie qui joue de la lyre et dont on n'aperçoit que le haut du corps, le bras étant caché par la console de pierre. Minerve se soutient de la main droite à une colonne sur le pied de laquelle se trouve la signature.

Au 3e plan à droite est une pyramide en pierre sur laquelle sont gravés des animaux.

Derrière se trouvent des arbres, et enfin au dernier plan une montagne au haut de laquelle se trouve un cheval ailé.

Le verso de ce frontispice est blanc. Il est suivi par le titre dont nous avons parlé ci-dessus, dont le verso est aussi blanc.

Vient ensuite sur des feuilles non paginées et commençant par un petit en-tête sur bois (ornement) et par la lettre ornée (M) l'epistre || à || Monseigneur || Le || Dauphin. || (2 feuilles).

Cette epistre est suivie par la | Préface | sur des feuilles non paginées et commençant par un petit en-tête sur bois (ornement) et par la lettre ornée (L) (4 feuilles).

La préface se termine par un cul-de-lampe sur bois (fleurs).

| La vie | d'Esope | Le Phrygien | qui vient ensuite sur des feuilles non paginées, commence par un en-tête sur bois (ornement) et une lettre ornée (N) (10 feuilles + une page). Le verso de cette page est blanc et la feuille suivante aussi.

Vient ensuite une page qui commence par une vignette entourée d'un double tr. carré.

Elle représente un paysage au centre duquel se trouve un arbre ; au pied de cet arbre un personnage à double face, entouré d'animaux, joue de la flûte (la flûte est tournée vers la droite); le chiffre 1 se trouve en haut à droite à l'intérieur du tr. carré.

Cette vignette est signée à droite, au pied d'un temple qui se trouve dans le paysage : « Jan-Via || fecit. ||

Au-dessus du trait carré à dr. en haut de la page : « Pag. 1 ».

Au-dessous de la vignette ces mots :

Fables || choisies || à Monseigneur || Le Dauphin. || .

La 1re lettre est ornée (I).

Cette dédicace en vers se termine page 2 par un cul-de-lampe sur bois (corbeille de fleurs).

Page 3 || Livre premier || Fable 1. || La Cigale et la Fourmi. ||

Chaque fable commence par une vignette sur bois entourée d'un double tr. carré. En haut à droite, à gauche ou au milieu à l'intérieur du tr. c. se trouve un chiffre rappelant la page à laquelle doit être placée la vignette. Un grand nombre de fables se terminent par un cul-de-lampe sur bois (ornement). La 1re de ces figures (la Cigale et la Fourmi) est signée en bas à dr. à l'int. du tr. c. à la pointe : « J. Vraner. f. ». C'est la seule qui soit signée du 1er livre.

Tous les versos de page commencent par : Livre I ou Livre II ou Livre III, etc., etc. ; et les rectos par : Fables choisies. ||

Page 33, fables XV et XVI, la Mort et le Mal-heureux. — La Mort et le Bûcheron n'ont qu'une seule figure.

Le 1er livre contient XXII fables et 21 fig. Il se termine page 46.

Le numérotage des fables recommence à chaque livre.

Page 61, la fig. de l'Aigle et l'Escarbot est signée en bas à dr. à l'int. du tr. c.

Page 66, la fig. de l'Ane chargé d'éponges, etc. est signée en bas à dr. à l'intr. du tr. c.

Page 68, fables XI et XII, le Lion et le Rat, — La

Colombe et la Fourmi n'ont qu'une seule figure pour elles deux.

Page 78, la fig. de le Paon se plaignant à Junon est signée en bas au milieu au-dessus du tr. c. à l'int.

Idem, page 80, la fig. de la Chate métamorphosée en Femme.

Le 2ᵉ livre contient 20 fables et 19 fig., il se termine page 87.

Livre troisième, page 88, fable 1, le Meunier, son fils et l'Ane a pour gravure une fig. signée à dr. à l'int. du tr. c. en bas.

Page 92, fable 2, les Membres et l'Estomac a une fig. signée à g. à l'int. du tr. c. en bas.

Page 94, fable 3, le Loup devenu Berger a une fig. signée à dr. à l'int. du tr. c. en bas.

Page 96, fable 4, les Grenouilles qui demandent un Roi est numérotée VI au lieu de IV, il n'y a donc pas de fable IV.

La page 99 commence par « Livre I » au lieu de « Livre III ».

Page 104, fable VIII, la Goute et l'Araignée a une fig. signée en bas à l'int. du tr. c. à g. presque au milieu.
Page 106, fable IX, le Loup et la Cicogne (sic) a une fig. sign. en bas à l'int. du tr. c. à dr. pr. au milieu.

Page 110, fable XII, le Cigne et le Cuisinier a une fig. sign. au milieu à l'int. du tr. c.

Page 112, fable XIII, les Loups et les Brebis a une fig. sign. en bas à l'int. du tr. c. à g. (initiales seulement).

Le livre III se termine page 123 par un cul-de-lampe sur bois au-dessus duquel se trouve le mot « Fin ».

Les 3 pages qui suivent ne sont pas paginées et contiennent la || Table || des || Fables || contenues || dans cette première Partie || par lettres alphabétiques.

La 2ᵉ partie contient les livres 4, 5 et 6. La pagination continue la pagination de la 1re partie, la première page après le titre est la page 141.

Livre quatrième, Fable 1, le Lion amoureux. La page 268 est la dernière page de la 2e partie.

Le feuillet suivant contient par lettres alphabétiques la || table des fables || contenües dans cette seconde Partie ||.

La 1re fig. du IV livre est sign. au mil. au-dessus du tr. c. à l'int. en bas.

Page 173, fable 15, le Loup, la Chèvre et le Chevreau, et fable 16, le Loup, la Mère et l'Enfant n'ont qu'une seule fig. pour elles deux.

Page 181, fable 19, l'Oracle et l'Impie, la fig. est sig. à l'int. du tr. c. en bas presq. au milieu à g.

Page 183, fable 20, l'Avare qui a perdu son trésor, la fig. est sig. à l'int. du tr. c. en bas au milieu.

Page 185, fable 21, l'Œil du Maître, la fig. est sign. à l'int. du tr. c. en bas à g.

Page 187, fable 22, l'Alouette et ses petits, avec le maître d'un champ, la fig. est sig. à l'int. du tr. c. en bas au milieu.

Le livre 4 a 22 fables et 21 fig.

Le livre 5 se termine page 229, il contient 21 fables et 21 fig. qui sont toutes sign. en bas à l'int. du tr. c. à dr., à g. ou au milieu.

La page 193 commence par ces mots : « Livre II » au lieu « de Livre V ».

Le 6e livre se termine page 268. Le feuillet suivant qui n'est pas paginé contient la « Table des fables » contenues dans cette seconde partie par lettres alphabétiques.

Pages 230, Fable I, le Pastre et le lion et Fable II le Lion et le Chasseur, n'ont qu'une fig. pour elles deux.

Page 233, la fable 3, Phœbus et Borée est numérotée II.

Page 245 commence par « Livre IV » au lieu de « Livre VI ».

Les fig. des 12 premières fables de ce liv. sont sign. à l'int. du tr. c. en bas, à dr. à g. ou au milieu.

Les fig. des f. 13 et 14 ne sont pas signées. La page 263 commence par « Livre V » au lieu de livre VI.

Id. pour la page 265.

Les fables XX, la Discorde, page 266.

XXI, la Jeune veuve, page 267 n'ont pas de fig.

Les autres fig. sont sig. à l'int. du tr. c. en bas à dr. à g. ou au milieu.

Le 6ᵉ livre contient 21 fables et 18 fig.

La pag. de la 3ᵉ partie recommence à la page 1.

Dans la 3ᵉ partie les pages 3 et 4 contiennent un avertissement précédé d'un en-tête sur bois (ornement) et commençant par un V orné.

La 3ᵉ partie contient le I et le II livres. La 4ᵉ partie continue la pagin. de la 3ᵉ partie et contient les livres 3, 4, 5.

La 3ᵉ partie se termine page 117; les 3 pages suivantes non paginées contiennent || Table || des || Fables || contenues en cette troisième Partie || par lettres alphabétiques.

La 4ᵉ partie commence page 119 et se termine page 233; les 3 pages suivantes non pag. contiennent || Table || des || Fables || contenues dans cette quatrième partie || par lettres alphabétiques.

1694

12. — Fables choisies mises en vers Français... Amsterdam Daniel de Lafeuille, 1694.

4 part. en 1 vol. in-12.

Cette édition donne indépendamment des 4 parties publiées par La Fontaine une 5ᵉ et une 6ᵉ parties déjà émises par le même libraire en 1693, et où il n'y a de ce poète que trois fables et quelques contes auxquels l'éditeur a donné le nom de Fables. Le reste du recueil se compose de fables de de Trousset de Valincourt, Regnier, Léger, Saint-Tlessous, Fraguier, Furetière, etc., la plupart déjà publiées ailleurs.

10 fr. Walckenaer (Brunet).

5 part. en 2 vol. in-12, fig. à mi-page par J. Van Vraner (cela devrait être Van Vianen).

Le même libraire ajouta depuis une 6ᵉ partie avec la date de 1693 qui ne contient que quelques fables et quelques contes de La Fontaine (entre autres la *servante justifiée* sous ce titre : « *Fable d'un avocat et de la servante* » (Bibl^{ie} 1868 de P. Lacroix).

13. — *Fables choisies mises en vers par M. de La Fontaine à Lyon chez Benoit Vignière rue Belle-Cordière M. DC. XCIV. avec approbation et permission,* in-12.

Un fleuron sur bois (corbeille de fleurs) est placé sur le titre du tome premier au-dessous des mots « Tome premier ».

La dédicace en prose « à Mgr le Dauphin » est précédée d'un en-tête sur bois et commence par la lettre ornée M.

La préface est précédée d'un en-tête sur bois commençant par la lettre ornée L.

Il en est de même pour la Vie d'Esope le Phrygien qui a pour lettre ornée N. En outre un cul-de-lampe sur bois la termine.

Les trois chapitres qui précèdent ne sont pas paginés.

Il en est de même pour la table du Tome premier qui vient ensuite, commençant par un en-tête sur bois et la lettre ornée A.

Cette table contient les fables par lettres alphabétiques. Le tome premier contient les six premiers livres qui vont jusqu'à la page 155.

La page 156 contient :

« Permissions » signées : « Vaginay ».

« Permis d'imprimer à Lyon, ce 20 septembre 1694 » signé « Deseve ».

A chaque livre le n° des fables recommence.

Le livre 1er commence par la lettre ornée J précédée d'un en-tête sur bois et finit par un cul-de-lampe sur bois.

Il en est de même pour le livre 2, mais ce dernier n'a pas de cul-de-lampe à la fin.

Page 49 est marquée : « Livre I » au lieu de « Livre II ».

Les fables sont séparées entre elles par une étroite petite gravure sur bois.

Les livres 3, 4, 5 commencent par une lettre ornée précédée d'un en-tête sur bois et finissent par un cul-de-lampe sur bois.

Il en est de même pour le livre 6, mais ce dernier n'a pas de cul-de-lampe à la fin.

Tome second.

Le Tome second a le même titre que le tome premier, mais avec ces mots « Tome second ».

L'Avertissement commence par la lettre ornée V précédée d'un en-tête sur bois.

L'extrait du Privilège du Roy commence par la lettre ornée P. Il est précédé d'un en-tête sur bois et se termine par un cul-de-lampe sur bois (Corbeille de fleurs).

La Dédicace en vers « A Mme de Montespan » commence par la lettre ornée L, précédée d'un en-tête sur bois.

Cette dédicace se trouve page I. La première fable qui commence par un V orné précédé d'un en-tête se trouve page 3.

Ce premier livre du tome second, se termine par un cul-de-lampe.

Le 2⁰ livre commence par la lettre ornée L précédée d'un en-tête sur bois et finit par un cul-de-lampe (Corbeille de fleurs).

Les fables XVI « l'Asne et le Chien », XII « le Cochon, la Chèvre et le Mouton » se terminent par un cul-de-lampe sur bois.

Les livres 3, 4, 5 sont comme le livre 2, mais les lettres ornées sont : G, U, S.

Le livre 5 se termine page 174 par l'Epilogue. Le cul-de-lampe de la fin est avant l'Epilogue page 173.

La table du tome 2 est comme celle du tome I sans cul-de-lampe.

Après la table qui se trouve à la fin du tome, sont imprimées comme pour le tome I « Permissions ».

Troisième tome.

Le 3⁰ tome qui ne contient qu'un livre appelé « Livre 7 », n'a pas de titre à proprement parler, mais un faux-titre qui est celui-ci : « *Fables choisies par M. de La Fontaine, Tome troisième* ».

L'Epître « A Mgr le Duc de Bourgogne », qui commence ce tome, est précédée d'un en-tête sur bois et commence par la lettre ornée M.

Vient ensuite « la table des fables contenües dans ce volume ». Elle est sans pagination.

Le Livre 7. Page 1, commence par un P orné. Un en-tête sur bois se trouve avant les mots : « Fables Choisies ».

Ce troisième tome se termine page 88 par la fable XXIX, le Juge arbitre, etc.

L'Exemplaire de la Bibliothèque Nationale est catalogué ainsi : « Réserve Y 6604 Aa 1-3 ».

1696

14. — Les OEuvres || Postumes || de Monsieur || de La Fontaine || (Là se trouve un fleuron qui sera décrit tout à l'heure). à Paris || Chez Guillaume Deluyne || libraire juré au Palais dans la Salle des || Merciers, à la justice || || M. D. C. XCVI || avec Privilège du Roy ||.   in-12.

Ce livre a été publié par Mme Ulrich.

Description du Fleuron.

Il est formé d'un médaillon rond entouré d'un cadre ovale formé par des feuillages. Dans ce cadre est compris comme couronnement la couronne Royale. De chaque côté de celle-ci, la main de justice et le sceptre (fleur de lis) se croisent derrière le médaillon rond.

Au-dessous du médaillon toujours dans le cadre se trouvent les plateaux d'une balance et une banderole dans laquelle on lit gravé à gauche : « P. L. S. » à droite « laisné y ».

Le médaillon rond représente une femme assise dans les nuages au-dessus d'une ville. Cette femme regarde à gauche soutenant en l'air de sa main une balance et tient de sa gauche un sceptre.

Après le titre vient l'epistre || à Monsieur || Monsieur le marquis || de Sablé, || précédée d'un en-tête sur bois (ornement). Cette epistre commence par la lettre ornée M et tient deux feuillets non paginés.

La préface vient ensuite précédée d'un en-tête sur bois (ornement), commençant par une lettre sur bois ornée. Elle tient deux feuillets non paginés et se termine par un cul-de-lampe sur bois.

Le || Portrait || de Monsieur || de La Fontaine || par M. XXX || lui succède.

Il occupe 5 feuillets.

Au verso du dernier feuillet se trouve : || Extrait du Privilège || du Roy ||. Non paginé.

Les « Tables des Œuvres Posthumes de M. de La Fontaine, 2 feuillets non paginés viennent ensuite.

Page 1 avant ces mots : Œuvres posthumes, en-tête sur bois (ornement) ; comparaison d'Alexandre etc., à Mgr le prince de Conty commence par la lettre ornée S.

Les pages suivantes se terminent par un cul de lampe (ornement) sur bois :

120, 132, 142, 150, 160, 198, 203, 226, 242, 247, 256, 261, 219.

Certains de ces culs-de-lampe ne sont que de tous petits ornements sur bois et ne mériteraient même pas le nom de cul-de-lampe.

La page 276 est la dernière page, elle contient l'épitaphe de M. de La Fontaine.

Il y a eu plusieurs éditions à la même date : Voici comment on reconnaît l'édition originale de la contrefaçon ; une de ces contrefaçons portant également le nom de Guillaume Deluyne.

1° Dans l'édit. orig. le fleuron du titre représente la justice tenant une balance.

Dans la contrefaçon le fleuron est un bouquet de fleurs.

2° Dans l'éd. orig. la 1re page de la préface n'a que 11 lignes.

Dans la contrefaçon la 1re page de la préface a 15 lignes.

3° Dans l'édit. orig. page 184 on lit : « Après avoir parlé de l'Italie, je viens, Monseigneur, à ce qui concerne l'Angleterre,

Halifax, Bentin et Dombi
N'ont qu'a chercher quelque alibi ».

Dans la contrefaçon faite en Hollande ce passage est ainsi conçu : « Après avoir parlé de l'Italie, je viens, Monseigneur, à ce qui concerne (les mots qui suivent sont en italiques) les autres pays. On dit que le parlement d'Angleterre va faire une exacte recherche de plusieurs particuliers qui se sont engraissez (sic) sous les règnes précédents ou des dépouilles des malheureux ou des revenus de la couronne et...

Ils ont du coté de l'épée
Mis, ce dit-on, quelques deniers. »

Dans l'édition originale ce paragraphe en lettres italiques n'existe pas, et dans l'édition originale il y a pages 184 et 185 17 vers depuis Halifax, Bentin et Dombi, etc., etc., jusqu'à : Ils ont du coté de l'epée. Ces 17 vers n'existent pas dans la contrefaçon.

A propos de cette édition on lit dans le Catalogue de la vente de feu M. A. Rochebilière 31 mai 1882 sous le n° 185 :

« Les œuvres postumes (sic) de Monsieur de La Fontaine. Paris, Guill. de Luyne, 1695. in-12, de 12 ff. prelimin. non chiff. et 276 pag. Chiffr. ; v. br.

« Ce volume renferme sept fables. le conte du Quiproquo, des Lettres et autres pièces inédites ou publiées seulement dans les recueils de Hollande. Ce recueil, dédié au Marquis de Sablé, a été publié par Madame Ulrich, femme de mœurs assez légères, qui faisait ses délices des Contes du bonhomme, qu'elle avait subjugué en l'attirant chez elle. « Quels recits
« véritablement charmants ! s'écriait-elle à propos des

« contes. Quelles beautez ! Quelles descriptions heu-
« reuses ! Quelle morale fine et galante ! Tout y coule
« de source. Leur lecture fait sentir à l'âme un plaisir
« qu'on ne peut décrire. » (Portrait de La Fontaine, en
tête des œuvres posthumes), etc. etc.

La hauteur des marges de l'exemplaire Rochebilière
était de 162 millimetres.

15. — Les Œuvres posthumes de Monsieur de La
Fontaine à Paris chez Jean Pohier, 1696 in-12.

A propos de cette édition on lit :

1° Dans le catalogue Rochebilière sous le n° 186.

« Œuvres postumes (sic) de Monsieur de la Fontaine.
Paris, Jean Pohier, 1696, in-12, v. br.

« Même edition et même collation que l'article précédent. La même vignette de la justice tenant la balance
se trouve sur le titre. Il n'y a de changé que le nom
du libraire. — Hauteur des marges : 163 millim. »

2° Dans Bulletin Morgand 1876-78 1^{ier} vol. n°
1809.

Edition originale, qui contient 7 nouvelles fables,
le Conte du quiproquo et autres pièces inédites. Mar.
br. dos orné, fil tr. dor. (Hardy) 75 frcs.

3° Dans Bulletin Morgand et Fatout 1882 n° 1708
et 1709.

Les Œuvres postumes (sic) de Monsieur de La
Fontaine. — A Paris, chez Jean Pohier, 1696 in-12.

In-12 de 12 ff. lim. et 276 p. p ; veau fauve, dos
orné à la grotesque, fil. tran. dor. (Trantz-Bauzonnet)
80 frcs. Bel. exemplaire de l'édition originale, hauteur
164 m.m.

Les feuillets préliminaires se composent de 1 f. pour
le titre ; 2 ff. pour la dédicace de Mad. Ulrich à M. le
Marquis de Sablé ; 2 ff. pour la Préface, 5 ff. pour le

Portrait de Monsieur de La Fontaine, et l'Extrait du Privilège, 2 ff. pour la Table.

Un autre exempl. petit in-8 velin édition originale 20 frcs.

16. — Les OEuvres postumes (sic) de Monsieur de La Fontaine. *Il se vend vingt-cinq sols* (Au-dessous vignette sur bois du Mercure Galant). *A Lyon, chez Tomas* (sic) *Amaulry, rue Mercière, au Mercure Galant, 1696.* 12 ff. prélim. non chiff. et 276 pag. chiff. (A la fin : *De l'Imprimerie de Benoist Vignieu.*) In-12.

A propos de cette édit. on lit dans le catalogue Rochebilière, sous le n° 188 ;

« Édit. publiée simultanément à Lyon. Ce n'est pas une contrefaçon, car le privilège est commun au libraire de Paris, De Luyne, et aux libraires Amaulry et Bachelu de Lyon. Cette édition donne exactement le texte de l'édition première de Paris. »

Puis 1° Dans Brunet :

« Ex Maro. r. 27 fcs. Solar.

« Il a été réimprimé à *Lyon par Tomas* (sic) *Amaury*, 1696. et contrefait en Hollande sous la date de *Paris, Guil.* de Luynes, 1696.

2° Dans Brunet (s. p. t.).

Paris, P. Pohier (ou Guillaume de Luyne), ou Cl. Barbin, ou Lyon, Amaury, 1696, in-12, de xii ff. lim. et 276 pp.

5 fr. Favart; en mar. de Hardy, 39 fr. Voisin (1876) revendu 75 fr. Morgand et Fatout.

17. — Les OEuvres postumes (sic) de M. de La Fontaine. *Lyon*, cl. Bachelu, 1696, in-12.

On lit dans la Rochebilière à propos de cette édition sous le n° 189 :

« Même édition et même collation que pour le n° précédent. Il n'y a de changé que la vignette du Mercure Galant, qui est remplacée par une corbeille de fruits et de fleurs, et le nom du libraire. »

18. — Les œuvres postumes (*sic*) de M. de la Fontaine. *A Bordeaux, chez Simon Boé, Nicolas de la Court et Simon de la Court, imp. et libr.* 1696, 2 part. en un vol. in-12 de 6 ff. prélimin. non chiffr. et 120 pages chiffr. pour la prem. partie ; 175 pag. chiffr. et 4 pag. de table pour la seconde ; cart.

On lit dans le catal. Rochebilière à propos de cette édition n° 190 :

« Cette édition de Bordeaux est très rare. M. Walckenaer dit n'avoir pu même la voir. Ce n'est pas une contrefaçon, le privilège étant commun à De Luyne et à Simon Boé. C'est une copie reproduisant exactement le texte de Paris. — Hauteur des marges de l'exempl. : 153 millim. »

On lit dans Brunet (s. p. t.) :

« La plus rare de ces éditions, partagées en un si grand nombre de libraires est celle qui porte : « *A Bordeaux, chez Simon Boé, Nicolas de Lacourt et Simon de Lacourt, 1696,* in-12. — 15 frcs. A. Aubry. »

1698.

19. — Fables choisies mises en vers Français... Lyon J. B. Girin, 1698...

5 part. en 2 vol. in-12.

Brunet dit que c'est la réimpression d'une des éditions précédentes, mais sans les passages injurieux à Louis XIV qui se trouvent dans l'édition de 1694.

Copie des Figures de Cause.

1699.

20. — Fables || choisies. || Mises en vers || par Monsieur || de La Fontaine, || et || par luy revües, corrigées et || augmentées de nouveau. || Troisième partie. ||

Là se trouve un fleuron sur bois représentant 2 cornes d'abondance croisées au milieu d'ornements. De leur partie supérieure sortent des fruits et des branches ; au milieu de ces fruits, dans chacune d'elles est assis un amour. Ces 2 amours s'embrassent.

|| Suivant la copie imprimé à Paris, et se vendent || a Anvers, || chez la Veuve de Barthelemy Fop- || pens, au Marché aux œufs, || aux trois Moines. || — || M. DC. LXXXXIX. ||

Les fig. sont de H. Cause. C'est la même édition que l'éd. de 1688 de H. V. Dunewalt (Foppens était le successeur de H. Van Dunewalt.) (5 part. en 2 vol.) Nous n'avons pu avoir sous les yeux un exemplaire complet de cette édition.

Nous n'avons pu analyser complètement que la troisième partie, ainsi que la quatrième et la cinquième, dans l'exemplaire que possédait M. Haüy. Voici le résultat de notre analyse ;

Après le titre ci-dessus vient un « Avertissement » précédé d'un ornement sur bois et commençant par la lettre ornée V.

Cet avertissement est paginé 3 et 4. Il se termine par un cul-de-lampe sur bois : (Un amour assis entre 2 cornes d'abondance réunies entre elles par leurs extrémités.)

La page 5 à Mme de Montespan commence par la lettre ornée L.

La page 6 se termine par un cul-de-lampe formé

par la réunion de petites étoiles intercalées entre de petites croix et formant triangle.

La page 7 commence le « Livre Premier », Fable I : *Les animaux malades de la peste*. Chaque fable est précédée d'une vignette à mi-page entourée d'un double trait carré. Cette vignette mesure 65 millimètres de hauteur sur 77 millimètres de largeur (du trait carré extérieur à l'autre trait carré extérieur).

Ces vignettes sont de H. Cause. Un grand nombre de celles-ci sont retaillées, mauvaises et boueuses. Elles sont signées d'une façon différente et à des places différentes, mais toujours à l'intérieur du double trait carré. Quelques-unes ne sont même pas signées. Un très grand nombre de fables se terminent par des culs-de-lampe sur bois. La plupart de ces culs-de-lampe sont très usés. Un grand nombre méritent à peine le nom de cul-de-lampe tant ils sont peu importants et sont plutôt de simples ornements d'imprimerie.

Le livre 1 se termine page 50 par la fable XVII.

Fable 1re, page 7, vignette signée H. Cause, se termine par un cul-de-lampe.

Fable II, page 10, vignette signée H. Cause, se termine par un grand cul-de-lamqe.

Fable III, page 13, vignette signée H. Cause, se termine par un cul-de-lampe.

Fable IV, page 15, vignette signée H. C., n'a pas de cul-de-lampe.

Fable V, page 18, vignette signée H. Cause, scu., se termine par un cul-de-lampe.

Fable VI, page 21, vignette signée H. Causé, se termine par un cul-de-lampe.

Fable VII, page 23, vignette signée H. C., n'a pas de cul-de-lampe.

Fable VIII, page 25, vignette signée H. Causé, se termine par un cul-de-lampe.

Fable IX, page 27, vignette signée H. Causé, n'a pas de cul-de-lampe.

Fable X, page 29, vignette signée H. Causé, n'a pas de cul-de-lampe.

Fable XI, page 31, vignette signée H. C., se termine par un cul-de-lampe.

Fable XII, page 35, vignette signée H. Cause, se termine par un cul-de-lampe.

Fable XIII, page 37, vignette signée H. Causé, se termine par un grand cul-de-lampe.

Fable XIV, page 40, vignette signée H. Causé, se termine par un grand cul-de-lampe.

Fable XV, page 43, vignette signée H. C., se termine par un grand cul-de-lampe.

Fable XVI, page 46, vignette signée H. Cause, se termine par un cul-de-lampe.

Fable XVII, page 48, vignette signée H. Cause seul.

Toutes les fables de ce livre sont donc signées.

Page 51. Livre II.

|| Livre second || Fable I. || *La Mort et le Mourant.* ||

Fable I, page 51, vignette signée H. Cause seul., se termine par un cul-de-lampe.

Fable II, page 54, vignette signée H. Cause, se termine par un grand cul-de-lampe.

Fable III, page 57, vignette signée H. Cause sculp., n'a pas de cul-de-lampe.

Fable IV, page 59, vignette signée H. Cause, n'a pas de cul-de-lampe.

Fable V, page 62, vignette signée H. Cause, se termine par un cul-de-lampe.

Fable VI, page 64, vignette signée H. Causé, n'a pas de cul-de-lampe.

Fable VII, page 66, vignette signée H. Causé, n'a pas de cul-de-lampe.

Fable VIII, page 68, vignette non signée, se termine par un cul-de-lampe.

La fable neuf est marquée V, *le rat et l'Huître* ; elle est page 70, sa vignette est signée H. Cause et elle n'a pas de cul-de-lampe.

Fable X, page 72, vignette signée H. C., se termine par un grand cul-de-lampe.

Fable XI, page 75, vignette signée H. Causé, se termine par un cul-de-lampe.

Fable XII, page 77, vignette signée H. Cause fe., se termine par un cul-de-lampe.

Fable XIII, page 79, vignette signée H. Causé, se termine par un cul-de-lampe.

Fable XIV, page 82, vignette signée Hen. Cause, se termine par un grand cul-de-lampe.

Fable XV, page 85, vignette signée H. C., se termine par un cul-de-lampe.

La fable XVI est marquée XV, *l'Horoscope,* elle est page 87, sa vignette est signée H. Cause et elle se termine par un grand cul-de-lampe.

Fable XVII, page 91, vignette signée H. Cause, se termine par un cul-de-lampe.

Fable XVIII, page 93, vignette non signée, se termine par un cul-de-lampe.

Fable XIX, page 96, vignette signée H. Cause fec., n'a pas de cul-de-lampe.

Fable XX, page 98, vignette signée H. C., se termine par un cul-de-lampe.

Fable XXI, page 101, vignette signée H. Cause, se termine par un cul-de-lampe.

Fable XXII, page 103, vignette signée H. Cause, se termine par un grand cul-de-lampe.

Fable XXIII, page 106, vignette signée H. Cause, se termine par un cul-de-lampe.

Fable XXIV, page 108, vignette signée H. C., se termine par un cul-de-lampe.

Fable XXV, page 110, vignette signée H. C., n'a pas de cul-de-lampe.

Fable XXVI, page 112, vignette signée H. C., se termine par un grand cul-de-lampe.

Fable XXVII, page 115, vignette signée H. Cause, se termine par un cul-de-lampe.

Le verso de la page 117 c'est-à-dire page 118 n'est pas paginé et contient par lettres alphabétiques la || « table || des || fables || contenues en cette troisième Partie || ».

Vient ensuite un feuillet non paginé contenant la suite de la table.

Sur le recto du feuillet suivant qui n'est pas paginé et dont le verso est blanc se trouve un titre. Ce titre est exactement le même que le titre de la troisième partie, même fleuron, mais les mots : « Troisième partie » sont remplacés par ceux-ci : «Quatrième partie ».

La page 119 commence le livre 3.

|| Livre troisième || Fable I. || *Le Dépositaire Infidèle.* ||

Fable I, page 119, vignette non signée, se termine par un cul-de-lampe.

Fable II, page 123, vignette non signée, se termine par un cul-de-lampe.

Fable III, page 127, vignette non signée, se termine par un cul-de-lampe.

Fable IV, page 129, vignette H. Cause, se termine par un cul-de-lampe.

Fable V, page 131, vignette non signée, se termine par un cul-de-lampe.

Fable VI, page 133, vignette Hen. Cause, se termine par un cul-de-lampe.

Fable VII, page 135, vignette Hen. Cause, scul., n'a pas de cul-de-lampe.

Fable VIII, page 138, vignette Hen. Cause, se termine par un cul-de-lampe.

Fable IX, page 140, vignette Hen. Cause, se termine par un cul-de-lampe.

Fable X, page 142, vignette Hen. Cause fe., se termine par un cul-de-lampe.

Fable XI, page 144, vignette H. Cause, se termine par un cul-de-lampe.

Fable XII, page 146, vignette Henr. Cause sculp., se termine par un cul-de-lampe.

La fable XIII est paginée 248 au lieu de 148. Sa vignette est signée : Hen. Cause fecit., et elle se termine par un cul-de-lampe.

Fable XIV, page 150, vignette signée H. C., se termine par un cul-de-lampe.

Fable XV, page 152, vignette signée H. Cause, n'a pas de cul-de-lampe.

Fable XVI, page 154, vignette signée H. Cause, n'a pas de cul-de-lampe.

Fable XVII, page 156, vignette signée H. C., se termine par un cul-de-lampe.

Page 158, la fable 18 n'est pas numérotée : *le Milan et le Rossignol*, elle a une vignette signée H. Causé et un grand cul-de-lampe (corbeille de fleurs).

Page 160, la fable 19 n'est pas numérotée : *le Berger et son troupeau*, elle a une vignette signée H. Cause fe. et un cul-de-lampe sur bois.

Page 167 se trouve un cul-de-lampe qui n'est autre que le fleuron du titre.

Page 168, la fable 20 n'est pas numérotée ; *les deux*

Rats, le Renard et l'œuf, elle a une vignette signée Hen. Cause scul., elle a un cul-de-lampe (corbeille de fruits).

Page 171. Commence le livre IV.

Livre quatrième || fable I || *l'homme et la couleuvre* ||.

Fable I, page 171, vignette signée Hen. Cause, se termine par un cul-de-lamqe.

Fable II, page 175, vignette signée H. Cause, se termine par un cul-de-lampe.

Fable III, page 177, vignettte signée H. Cause, se termine par un grand cul-de-lampe.

Fable IV, page 180, vignette signée Hen. Cause fec., se termine par un cul-de-lampe.

Fable V, page 182, vignette signée H. Cause = n'a pas de cul-de-lampe.

Fable VI, page 184, vignette signée H. Cause = se termine par un cul-de-lampe.

Fable VII, page 186, vignette signée H. Cause = se termine par un cul-de-lampe.

Fable VIII, page 188, vignette signée Hen. Cause, se termine par un cul-de-lampe.

Fable IX, page 190, vignette signée H. Cause fe., n'a pas de cul-de-lampe.

Fable X, page 193, vignette signée H. Cause, se termine par un cul-de-lampe.

Fable XI, page 195, vignette signée H. Cause, se termine par un cul-de-lampe.

Fable XII, page 198, vignette signée H. Cause, se termine par un cul-de-lampe.

Fable XIII, page 200, vignette signée Hen. Cause, se termine par un cul-de-lampe.

Fable XIV, page 203, vignette signée H. Cause, se termine par un cul-de-lampe.

Fable XV, page 206, vignette non signée, se termine par un cul-de-lampe.

Page 209, commence le livre V.

|| Livre cinquième || Fable I || Le Lion. ||

Fable I, page 209, vignette signée H. C., se termine par un cul-de-lampe.

Fable II, page 212, vignette signée H. Causé, n'a pas de cul-de-lampe.

Fable III, page 214, vignette signée H. Cause, se termine par un cul-de-lampe.

Fable IV, page 217, vignette signée H. Cause fe., n'a pas de cul-de-lampe.

Fable V, page 219, vignette non signée, se termine par un cul-de-lampe.

Fable VI, page 222, vignette signée H. Cause, n'a pas de cul-de-lampe.

Fable VII, page 224, vignette non signée, se termine par un cul-de-lampe.

Fable VIII, page 228, vignette signée H. Cause, n'a pas de cul-de-lampe.

Fable IX, page 230, vignette signée H. Cause, le cul-de-lampe ne se trouve pas après la fable IX mais après l'Épilogue, page 233.

Les pages 234, 235, 236, qui ne sont pas paginées, contiennent par lettres alphabétiques la « || table || des || Fables || contenües en cette quatrième partie. ||

La fin de la table porte le mot : « Fin. »

Vient ensuite un titre ainsi conçu :

« Fables || choisies || mises en vers || par Monsieur || de La Fontaine. || Cinquième partie. ||

Là se trouve un fleuron sur bois différent de celui des autres titres (corbeille de fruits et de fleurs).

|| A Anvers, || chez la veuve de Barthelemy Fop- || pens, au marché aux œufs, || aux trois moines. || M. DCC. III. ||.

Le verso de ce titre est une page blanche.

Vient ensuite une épître, || A || Monseigneur || le Duc || de || Bourgogne ||, commençant par la lettre ornée M et précédée d'un ornement très fin entouré d'un double trait carré, représentant des fleurs. Cette page ainsi que son verso n'est pas paginée.

A la page 1 commence le livre VII.

Livre septième || fable I || les Compagnons d'Ulisse || || A Monseigneur le Duc de Bourgogne ||. La 1re lettre P est ornée. Ce livre contient XXIX figures, aucune n'est signée. La dernière fable est page 106, || XXIX. || *Le juge arbitre, l'hospitalier, et le* || *solitaire.* ||

La dernière page de fables est la page 108. Au bas de la page 108 est imprimé le mot : « Fin ».

Quelques-unes des fables de ce livre n'ont pas de cul-de-lampe ce sont :

Page 6, fable II, *le Chat et les 2 moineaux.*

Page 8, fable III, *Du Thésauriseur et du singe.*

Page 10, fable IV. *Les deux chèvres.*

Page 17, fable VII. *La Chauve-Souris, le Buisson, et le* || *Canard.* ||

Page 22, fable IX. *Le Loup et le Renard.*

Page 45, fable XVII. *Le Renard, le Loup et le Cheval.*

Page 51, fable XX. *Le Philosophe Scithe (sic).*

Page 53, fable XXI. *L'Éléphant et le Singe de Jupiter.*

Page 57, fable XXIII. *Le Renard anglais.*

Page 106, fable XXIX. *Le Juge arbitre, l'Hospitalier et le Solitaire.*

Les fables VI-XVI ont pour cul-de-lampe le fleuron du titre de la 5e partie.

Les fables XIII, XXVII, ont pour cul-de-lampe le fleuron du titre des 3e et 4e parties.

Les pages 109 et 110 qui ne sont pas paginées contiennent la || Table || des || fables || contenües dans ce volume || par ordre et non par lettres alphabétiques. Cette table est précédée d'un ornement sur bois entouré d'un double trait carré. Vient ensuite une suite de 3 feuillets contenant le || Catalogue || des || livres || nouveaux || qui se trouvent || chez la veuve || de || Barthelemy Foppens ||.

21. — Fables choisies..... Ouvrage enrichy de jolies figures. Jouxte la copie, à Paris, chez Michel Brunet, 1699.

2 tomes en un vol. in-8.

Paul Lacroix parle de cette édition dans sa bibliographie de 1868 et il n'y a rien à y ajouter.

1700.

22. — Fables choisies mises en vers français. Nouvelle édition. La Haye, H. Van Bulderen, 1700. 2 vol. in-8, fig.

Réimpression de 1688 de Van Bulderen. Brunet dit que les gravures de J. Cause ont servi pour cette édition qui est en 5 part., en 2 vol. in-12.

Pour les détails voir l'année 1688.

23. — Fables choisies mises en vers français, Amsterdam, Zach. Chatelain, 1700.

2 vol. in-8, avec un portrait gravé par B. Picart.

Quérard dit que cette édition et la précédente, ainsi qu'une imprimée à Anvers, 1688 à 1694, contiennent 5 parties et sont ornées de figures de J. Cause copiées sur celles de Chauveau (1668) ; elles reproduisent l'édition qu'avait donnée La Fontaine, sans qu'on ait seulement collé le numérotage des livres. Dans toutes les 3, comme dans l'édition de Paris, le livre VII ou dernier succède immédiatement au livre V.

Les exemplaires de cette édition, dit toujours Quérard, ont quelque valeur quand ils sont bien conservés.

1705.

24. — *Fables* || choisies. || *Mises en vers* || par Monsieur || *De La Fontaine,* || et par luy reveuës, corrigées et || augmentées de plusieurs || *Fables.* ||

Là se trouve un fleuron sur bois [différent de celui de l'édit. de MDCXCIII, à Amsterdam, chez Pierre Mortier].

Ce fleuron sur bois est ovale, il représente aussi une ville (mais une ville différente de la ville formant le fleuron de l'édit. de 1693). Il est entouré d'un quadruple trait ovale formant cadre (Le trait extér. est plus épais que les 3 autres). Ce fleuron mesure cadre compris 46 millim. de long, sur 25 millim. de hauteur. Au-dessous du fleuron, on lit :

|| *A Amsterdam,* || chez Pierre Mortier, Libraire || || sur le Vygendam. || — || *M.DCC.V.* || 1 vol. in-8.

Ce titre est imprimé en 2 couleurs, rouge et noir. Les parties soulignées sont rouges, les autres noires.

Avant le titre le volume commence par 1 feuillet blanc. Puis vient un frontispice hors texte, exactement le même en tout, mais plus usé, que celui de l'édition d'Amsterdam, chez Pierre Mortier, 1693.

Pour l'Epistre || à || Monseigneur || le || Dauphin ||, même remarque que pour l'édition de MDCXCIII. Mais l'en-tête et la lettre ornée ne sont pas les mêmes que ceux de l'édit. de 1693.

Pour la préface et la vie d'Esope mêmes observations

que pour l'édition de 1693. Page 41 mêmes remarques que pour l'édit. de 1693, mais l'en-tête et la lettre ornée ne sont pas les mêmes.

Dans cette édit. les fables ne sont pas séparées par livre et par conséquent leur numérotage ne recommence pas à chaque livre, mais va de I à CCXXVI, page 374. Jusqu'à la page 369 à part les remarques précédentes et les suivantes, cette édition est exactement la même que celle de 1693, à Amsterdam, chez Pierre Mortier.

Comme dans l'édition de 1693 chaque fable est séparée de la précédente et de la suivante par un ornement sur bois.

A côté de la Pagination comme en-tête de page sur toutes les pages paires c'est-à-dire sur les versos des feuillets (lorsque ce sont des feuillets de fables) comme dans l'édition de 1693, ces mots sont imprimés : « Fables choisies » mais dans cette édition sur les pages impaires c'est-à-dire sur le recto des feuillets sont imprimés au lieu de « Livre I etc. » ces mots « de la Fontaine ».

La page 129 est paginée 125.
La page 130 est paginée 126.
La page 131 est paginée 127.
La page 132 est paginée 128.
La page 133 est paginée 129.

Il y a donc 2 pages 125, 2 pages 126, 2 pages 127, 2 pages 128. Après la page 129 qui est en réalité la page 133, la pagination qui devrait être 134 est 130, puis 132, 133, 134, etc., etc., la pagination continue ainsi.

La page 192 contient l'Apologue || à || Madame || de || Montespan || et commence par la lettre sur bois ornée L.

La page qui suit la page 204 « CXXX » || La Cour

du Lion || est paginée 203 au lieu de 205 et la page suivante 204 au lieu de 206.

Il y a donc 2 pages 203 et 2 pages 204 ; la page qui suit la dernière page 204 est paginée 205, puis les autres 206, 207, etc.

La pagination fausse qui existe dans l'édition de 1693 aux pages 293, 296, 297, n'existe pas dans cette édition. La pagination continue régulièrement. Par conséquent à partir de la page 292 les 2 éditions ne correspondent plus comme pagination.

L'erreur de pagination qui a lieu dans l'édition de 1693 à la page 364 n'ayant plus lieu dans cette édition dont la pagination continue régulièrement depuis la page 292, la correspondance recommence à être la même dans les 2 éditions à partir de la page 363.

Il n'y a pas de cul-de-lampe dans cette édition à la page 369.

A partir de cette page les 2 éditions diffèrent complètement.

La page 370 contient la Fable « CCXXIV » *La ligue des Rats* qui n'existe pas dans l'autre.

La page 372 contient le numéro « CCXXV » *Le Soleil et les Grenouilles* qui n'existe pas dans l'autre.

La page 374 contient le numéro « CCXXVI ».

|| *A leurs Altesses Serenissimes* || Mademoiselle || *de* Bourbon || *et Monseigneur* || Le Prince de Conty. ||

Les mots soulignés sont en très gros caractères.

La page 376 est la dernière des Fables avant la table.

Ensuite vient sur les 5 feuillets suivants non paginés la || Table || des || Fables || contenües dans ce Livre || par lettres alphabétiques.

Le dernier mot de cette table est || Fin. ||

Cette édition contient un second volume qui n'a pas le même titre que le 1ᵉʳ volume ; ce second volume a le même format que le 1ᵉʳ ; il est daté de 1694 et a dû être fait pour servir de second volume à l'édition de 1693.

Titre de ce 2ᵉ volume.

|| *Suite des* || Fables || *choisies,* || par Monsieur || *De la Fontaine.* ||

Là se trouve un fleuron que l'on voit sur le titre de l'édition de M.DC.XCIII. Mais ce fleuron est plus usé dans cette édition.

En dessous de ce fleuron on lit : || Suivant le (sic) Copie de Paris || *à Amsterdam* || chez Pierre Mortier. Libraire || sur le Vygendam. || — || M.DC.XCIV. ||

Ce titre est imprimé en 2 couleurs, rouge et noir.

Les parties soulignées sont rouges, les autres noires.

Le verso est une page blanche.

Vient ensuite Epitre || a || Monseigneur || le Duc || de || Bourgogne || (épitre en prose) commençant par un en-tête sur bois (ornement) et la lettre ornée M, finissant par un cul-de-lampe sur bois.

Cette épitre tient 2 feuillets non paginés. Le feuillet suivant qui n'est pas paginé contient l' || Extrait || du Privilège || du Roi, || - Il commence par un en-tête typographique sur bois et finit par ces mots : || Achevé d'imprimer pour la première || fois le premier jour de Mars || 1694. || Il est suivi d'un cul-de-lampe sur bois représentant des amours se tenant par la main.

La page suivante est paginée 9. Elle commence par ces mots comme en-tête : || Fables choisies ||.

Ils sont suivis d'un en-tête typographique sur bois, étroit, semblable à celui qui sépare entre elles toutes les fables de ce volume.

Puis vient : || Livre septième || Fable I || || *Les Compagnons d'Ulisse.* || A Monseigneur le Duc de Bour- || gogne. ||

La lettre P qui commence est une lettre ornée.

Chaque page numérotée paire de ce volume contient ensuite comme en-tête les mots : || Fables choisies || et chaque page numérotée impaire de ce volume contient ceux-ci : || Livre VII. ||

Chaque fable est précédée de ces mots Fable I ou II ou III ou etc. jusqu'à la fable XXI. *L'amour vangé* (sic) qui est la dernière de ce volume.

Page 28, cul-de-lampe sur bois (tête d'ange).

Page 31, cul-de-lampe (signe typographique).

La page 38 est paginée 28.

La page 45 a un cul-de-lampe (signe typographique).

La page 61 a un cul-de-lampe typographique représentant 8 glands en triangle.

La page 91 est la dernière page des Fables de ce volume. Elle se termine par le mot || Fin. ||

La page 92 n'est pas paginée. Elle commence par un en-tête sur bois, étroit, le même que celui qui sépare entre elles les fables et contient la || table || des fables contenues || dans ce volume. ||

Le feuillet suivant qui est le dernier du livre est blanc.

25. — Fables de La Fontaine, Paris H. Charpentier 1705.

5 volumes in-12. Figures.

Brunet dit que cette édition reproduit fidèlement aux fautes près le texte de la première édition (1678-1694) et l'on y a établi la division en douze livres au lieu de celle en deux suites de VI livres chacune qui avait été observée précédemment.

Il n'y a rien à ajouter pour cette édition à ce que dit Brunet.

1708.

26. — *Fables* || choisies || *mises en vers* || par Monsieur || *De La Fontaine*, || et par lui reveües, corrigées et || augmentées de plusieurs || *Fables*, || — Là se trouve un petit fleuron sur bois (ornement) — || *à Londres* || — || aux dépens de Paul et Isaak Vail- || lant, Marchands Libraires, chez qui || l'on trouve un assortiment général || de toute sorte de musique. || M.D.CCVIII ||

1 volume in-12.

Ce titre est à l'encre rouge et à l'encre noire. Les parties soulignées sont en rouge.

Avant ce titre un frontispice commence le volume. Ce frontispice est boueux et fort mauvais. Il est retaillé. Il mesure d'un trait carré à l'autre : Hauteur 120 millim. ; largeur 80 millim.

Au-dessous du frontispice se trouve une tablette blanche formée par le trait carré inférieur du frontispice et par les traits carrés de côté prolongés.

Dans cette tablette rien n'est écrit, si ce n'est la signature du frontispice au haut de la tablette immédiatement au-dessous du trait carré du frontispice et à gauche ; cette signature est la suivante : « G. Q. in. et f. » Hauteur de la tablette 7 millim. 1/2.

Description du frontispice.

A gauche se trouvent des rochers desquels sort une cascade formant ensuite ruisseau. Sur ces rochers sont des arbres sur lesquels sont perchés des oiseaux. Au premier plan à gauche un bouc, un âne et une grenouille. L'âne boit dans le ruisseau. Sur l'autre rive du ruisseau, aux 3ᵉ, 4ᵉ, 5ᵉ et 6ᵉ plans, des animaux occupent le milieu et la droite du frontispice. Le lion est au milieu au 3ᵉ plan, les autres animaux semblent lui faire cortège. Aux derniers plans un paysage, des montagnes.

Sur le feuillet qui suit le titre se trouve l'epistre || « A || Monseigneur || Le || Dauphin || commençant par la lettre ornée M et précédée par un ornement sur bois.

Cette épistre tient 2 feuillets non paginés. Vient ensuite la préface précédée d'un ornement sur bois et commençant par la lettre ornée L. Cette préface est paginée « Pag. 1, 2, 3, 4, 5, 6, 7. »

La page 8 commence la vie d'Esope précédée d'un ornement sur bois. Elle commence par la lettre ornée N. La dernière page de la vie d'Esope est la page 26.

Les fables commencent par un ornement sur bois avant « A Monseigneur le Dauphin », page 27. Ce qu'il y a de remarquable dans cette édition, c'est que les fables ne sont pas partagées par livre; la 1ʳᵉ fable est marquée « Fable I » (page 28), *la Cigale et la Fourmi*. La dernière fable est : « CCXLVII » (page 376), *l'amour vangé* (sic), qui suivant Quérard « est une petite épitre qui est peut être de la jeunesse de La Fontaine et qui ne ressemble en rien à un apologue ».

Quérard dit à tort que la dernière fable est la fable 257.

Les titres des fables CCXIV (page 286), CCXV — CCXVI — CCXVII — CCXVIII — CCXIX — CCXX — CCXXI — CCXXII — CCXXIII — CCXXIV sont en gros caractères d'imprimerie droits tandis que les autres sont en petits caractères italiques.

Page 302, fable CCXXV, *le Soleil et les Grenouilles*

(même observation que pour les fables précédentes, mais le mot grenouilles est encore en plus gros caractères. Les lettres mesurent 5 millim. de hauteur). Page 304, fable CCXXVI || a leurs altesses serenissimes || Mademoiselle || de Bourbon || et Monseigneur || le Prince de Conty ||, les mots de Bourbon sont en mêmes caractères que le mot grenouilles dans la fable précédente.

La page 307, qui n'est pas paginée est un titre en encre rouge et en encre noire. Ce titre est ainsi conçu (les mots soulignés sont en rouge) :

« *Suite des* || fables || *choisies,* || par Monsieur || *de La Fontaine.* ||

Là se trouve un fleuron sur bois qui n'est pas le même que celui du 1er titre (Écureuil? assis au milieu des fleurs).

|| *A Londres,* || — || aux dépens de Paul et Isaak Vail- || lant, marchands libraires, chez qui || l'on trouve un assortiment général || de toute sorte de musique. || M.D.CC.VIII. ||

La page 308 est une page blanche non paginée. Les pages 309, 310, 311, 312, qui ne sont pas paginées contiennent une épître || « a || Monseigneur || le Duc || de || Bourgogne. || Cette épître est précédée d'un ornement sur bois et commence par la lettre ornée M.

La page 313 est paginée et contient la fable : || Fable CCXXVII. ||

La dernière page des fables est la page 379. Vient ensuite au verso de cette page la || Table || des || Fables || contenues dans ce livre. ||

Elles sont par lettres alphabétiques.

La table contient 4 feuillets plus une page non paginés.

Voici ce que dit Quérard sur cette édition :

« Paris, Mich-David, 1708 ; ou à Londres, » etc...

« Cette édition assez correcte est remarquable parce qu'elle a été le type d'un grand nombre d'autres. Elle est sans aucune division, soit en parties, soit en livres et les fables sont numérotées de suite depuis la première jusqu'à la dernière. » Il ajoute : « on a introduit dans cette édition comme fable, le Conte du Fleuve Scamandre. »

L'ex. que nous avons examiné était celui de M. Haüy.

1709.

27. — Fables choisies mises en vers par M. de La Fontaine. A Paris par la Compagnie des Librairies. MDCCIX. 5 vol. in-12.

Figures à mi-pages de Francisque Chauveau.

1er volume.

Il a pour titre ; « Fables choisies mises en vers par M. de La Fontaine. Tome premier, contenant la vie d'Esope et les I, II et III livres des Fables.

[Là se trouve un fleuron sur bois (ornements)], à Paris, Par la Compagnie des Libraires || MDCCIX || avec privilège du Roy. »

Avant l'épître en prose « à Mgr le Dauphin » se trouve une vignette sur bois (ornements). Cette épître n'est pas paginée et sa première lettre ornée est M.

Il en est de même pour la « Préface » qui a pour lettre ornée L, et pour « la vie d'Esope le Phrygien » qui a pour lettre ornée N.

Avant la « table des Fables contenues dans ce premier tome » se trouve aussi une vignette sur bois, mais cette vignette représente des liserets. Cette table est classée par livres et n'est pas paginée.

A la page 1, avant « Fables choisies à Mgr le Dauphin, Prologue. » (en vers) se trouve une vignette sur bois (ornements dans lesquels on aperçoit 4 corps de petits amours se terminant dans les ornements).

La 1re lettre J est ornée.

Ce prologue se termine par un cul-de-lampe (ornements) signé : « V.LS. — 565. »

Chaque fable a une figure à mi-page pour la plupart signées F. C. (Francisque Chauveau). Toutes sont de lui, mais toutes ne sont pas signées.

Les planches qui sont les mêmes que celles de l'édition de 1678 sont usées, mais non retaillées, du moins pour ce volume.

Chaque fable commence par une lettre ornée de façon différente et de format différent. Un grand nombre de fables se terminent par un cul-de-lampe sur bois (Planches usées).

Les fables 15 et 16, page 47, livre 1er :

La Mort et le Malheureux.

La Mort et le Bûcheron, n'ont qu'une figure pour elles d'eux.

Une remarque importante qui n'existe pas dans l'édition de 1678 : au-dessus de chaque fig. est gravé sur la planche de cuivre même, à droite de la fig., le tome numéroté dans lequel se trouve la fig. et la page numérotée à laquelle doit se trouver la fig.

Ainsi, exemples :

« Tome 1er, page 4 : au-dessus de la figure de la fable, *la Cigale et la Fourmy* (sic) est gravé sur la planche de cuivre à droite (à droite dans le 1er volume, le 2e volume, à gauche dans le 3e volume et le 5e volume) au-dessus du trait carré : « Tom. I, pag. 4. »

De même :

« Page 6, tome 1er, pour *le Corbeau et le Renard,* au-dessus de la fig. se trouve : « Tom I, pag. 6. » (Le t du mot tome est tantôt t, tantôt T suivant les fables).

Le 1ᵉʳ livre qui contient 22 fables et 21 fig. se termine page 70.

Le livre 2 commence par un « prologue contre ceux qui ont le goût difficile » ayant une figure à mi-page signée F. C.

Ce livre se termine page 145, il contient en comptant la figure du prologue, 19 figures et 20 fables.

Certaines planches (de ce livre) trop usées ont été retaillées ; entre autres page 101 et page 105 ; *le Lion et le Moucheron : l'asne chargé d'éponges et l'asne chargé de sel.*

Le livre 3 se termine comme le 1ᵉʳ volume page 216 ; Il contient 18 fables et 15 figures.

Les figures des Fables II, page 156 : *Les Membres et l'Estomach* ; III, page 161 : *le Loup devenu Berger* ; IV, page 165 : *les Grenouilles qui demandent un Roy* manquent. Les fig. ayant été sans doute complétement usées ou les planches ayant été perdues, car leur place est laissée en blanc.

2ᵉ volume.

Le titre du 2ᵉ volume est exactement le même, si ce n'est : « Tome second contenant le IV, V et VI livres. » (Fleuron sur bois différent) (Fleurs).

Une vignette sur bois (liserets ornements) se trouve avant « Table des Fables contenues en ce second Tome » par livres ; cette table n'est pas paginée.

Les planches de ce volume sont très usées, entre autres celles de *La Mouche et la Fourmy*, pag. 10, fable III, liv. IV. — *Le jardinier et son seigneur*, pag. 15, fable 4, livre IV.

Dans ce volume les numérotages du tome et de la pagination gravés sur chaque planche de cuivre au-dessus de la fig. ne correspondent plus exactement à la pagination du texte ; ainsi, exemples : Livre IV, T. 2, page

1 ; *le lion amoureux,* sur la planche de cuivre est gravé au-dessus de la fig. : « Tom. 2 page 3. »

Il en est de même pour toutes les autres planches.

Ainsi toujours dans le livre IV au lieu de T. 2, page 6, *le Berger et la mer,* il y a : « Tom 2 p. 8 » ; au lieu de T. 2, p. 10, *la Mouche et la Fourmy* ; il y a : « Tom. 2. page 12. »

Au lieu de t. 2, p. 15 : *le jardinier et son seigneur,* il y a : « Tom, 2 page 17. »

Au lieu de t. 2, p. 21 : *l'asne et le petit chien,* il y a : « Tom. 2 page 23. »

Au lieu de t. 2, p. 24, fable 6 : *le combat des rats et des Belettes,* il y a : « Tom. 2 Page 26. »

Au lieu de t. 2, p. 28, f. 7 : *le singe et le Dauphin,* il y a : « Tom. 2 page 30. »

Au lieu de t. 2, p. 32, f. 8 : *l'homme et l'Idole de bois,* il y a : « Tom. 2 page 34. »

Au lieu de t. 2, p. 35, f. 9 : *le Geay paré des plumes du Paon,* il y a : « Tom. 2 page 37. »

Au lieu de t. 2, p. 37, f. 10 : *le Chameau et les batons flotans (sic),* il y a : « Tom. 2 page 39. »

Au lieu de t. 2, p. 40, f. 11 : *la Grenouille et le rat,* il y a : « Tom. 2 page 42. »

Au lieu de t. 2, p. 45, f. 12, *le tribut envoyé par les animaux à Alexandre,* il y a : « T. 2, p. 47. »

Au lieu de t. 2, p. 52, f. 13 : *le Cheval s'étant voulu venger du Cerf,* il y a : « Tom. 2 page 54. »

Au lieu de t. 2, p. 56, f. 14 : *le Renard et le buste,* il y a : « Tom. 2 page 58. »

La planche de cette fable est retaillée.

Au lieu de t. 2, p. 58, f. 15 et 16 : *Le loup, la chèvre et le Chevreau,* — *le loup, la mère et l'enfant,* il y a : « Tom. 2 page 60. »

Il n'y a qu'une seule et même figure pour ces deux fables.

Au lieu de t. 2, page 64, f. 17 : *Parole de Socrate,* il y a : « tom. 2 page 66. »

Au lieu de t. 2, p. 66, f. 18 : *le vieillard et ses enfans (sic),* il y a : « Tom. 2 page 68. ».

Au lieu de t. 2, p. 72, f. 19 : *l'oracle et l'impie,* il y a : « Tom. 2 page 74. »

Ici, comme on le voit, la pagination de la planche parait être la même que la pagination du texte, mais cela est faux parce que dans le texte cette page est marquée 74 au lieu de 72. La page 72 n'existe pas dans le texte et ce dernier contient 2 pages 74.

Au lieu de t. 2, p. 75, f. 20 : *l'avare qui a perdu son trésor,* il y a : « Tom. 2 page 77. »

Au lieu de t. 2, p. 80, f. 21 : *l'œil du Maître,* il y a : « Tom. 2, p. 82. »

Au lieu de t. 2, p. 85, f. 22 : *l'Alouëtte et ses petits, avec le Maître d'un champ,* il y a : « Tom. 2 page 87. »

Ce 4ᵉ livre se termine page 91 ; il contient 22 fables et 21 figures.

Livre cinquième.

Au lieu de t. 2, p. 92, fable 1 : *le Bucheron et Mercure,* il y a : « Tom. 2 page 94. »

Au lieu de t. 2, p. 98, f. 2 : *le pot de Terre et le pot de fer,* il y a : « Tom. 2 page 100. »

Au lieu de t. 2, p. 101, f. 3 : *le petit poisson et le pêcheur,* il y a : « Tom. 2 page 103. »

Au lieu de t. 2, p. 104, f. 4 : *les oreilles du Lièvre,* il y a : « Tom. 2 page 106. »

La planche de cette fable est particulièrement très usée.

Au lieu de t. 2, p. 107, f. 5 : *le renard ayant la queüe coupée,* il y a *à l'intérieur du trait carré à droite* et non pas au-dessus du trait carré comme les autres :

« Tom. 2 p. 109. » La planche de cette fable est aussi particulièrement usée.

Au lieu de tome 2, page 110, fable 6 : la Vieille et les 2 servantes, il y a : « Tom. 2 page 112. »

Au lieu de t. 2, p. 114, f. 7 : le satyre et le Passant à gauche il y a : « T. 2 p. 116 ».

Cette planche est très usée.

Au lieu de tome 2, page 117, fable 8 : le Cheval et le loup, il y a : « Tom. 2 page 119. »

Cette planche est usée.

Au lieu de tome 2, page 121, fable 9 : le laboureur et ses enfants, à l'intérieur du trait carré il y a : « Tom. 2 page 123. » au milieu à gauche.

Cette planche est usée.

Au lieu de tome 2, page 124, fable 10 : la Montagne qui accouche, il y a : « Tom. 2, page 126. »

Au lieu de t. 2, page 126, f. 11 : la fortune et le jeune enfant, il y a : « Tom 2 pag. 128 ».

Au lieu de t. 2, p. 129, f. 12 : les Médecins, il y a : « Tom 2. page 130 ».

Au lieu de t. 2, page 131, f. 13 : la Poule aux œufs d'or, il y a : « Tom. 2 page 133 ».

Cette planche est usée.

Au lieu de t. 2, p. 133, f. 14 : l'asne portant des reliques, à l'intérieur du trait carré à droite, il y a : « Tom. 2. page 106 ».

Au lieu de t. 2, p. 135, f. 15 : le Cerf et la vigne, à l'intérieur du trait carré à droite, il y a : « Tom. 2 page 137 ». Cette planche est usée.

Au lieu de t. 2, p. 138, f. 16 : le Serpent et la lime, il y a : « T. 2 p. 140. »

La page 139 est numérotée page 130.

Au lieu de t. 2, p. 141, f. 17 : le lièvre et la perdrix, il y a : « Tom. 2 page 143. »

Au lieu de t. 2, p. 144, f. 18 : l'aigle et le hibou, il y a : « Tom. 2 page 146. »

Au lieu de t. 2, p. 149, f. 19 : le lion s'en allant en guerre, il y a : « Tom. 2 page 151. »

Au lieu de t. 2, p. 152, f. 20 : l'ours et les 2 compagnons, il y a : « Tom. 2 page 154. »

Au lieu de t. 2, p. 157, f. 21 : l'asne vêtu de la peau du Lion, il y a : « Tom. 2 page 159. »

Le livre 5e se termine page 158.

Il contient 21 figures et 21 fables.

Le cul-de-lampe sur bois de la page 137 est signé à gauche : I ; et à droite : P.

Le VIe livre contient 18 figures, 20 fables numérotées, une fable sans numéro « la jeune veuve », page 225 et un épilogue page 229.

« La discorde », fable 20, page 222, « la jeune veuve », fable 21, page 225, n'ont pas de figures.

Les pages 230-231-232 qui ne sont pas numérotées, contiennent le Privilège du Roy. — La page 232 est la dernière du livre et du 2e volume.

Au lieu de tome 2, page 159, fable 1 : le Patre et le Lion, fable II : le lion et le chasseur (ces 2 fables n'ayant qu'une seule figure pour elles deux), il y a : « Tom. 2 Page 161. »

Au lieu de tome 2, page 166, fable 3 : Phœbus et Borée, il y a : « Tom. 2 page 164. »

La page 167 est numérotée page 177.

Au lieu de tome 2, page 171, fable 4 : Jupiter et le Métayer, il y a : « Tom. 2 page 173. »

Au lieu de t. 2, p. 175, f. 5 : le Cochet (*sic*), le Chat et le Souriceau, il y a : « Tom. 2 page 177. » — Cette planche est retaillée.

Au lieu de tome 2, page 179, fable 6 : le Renard, le

Singe et les Animaux, il y a : « Tom. 2 page 181. »

A la page 181 se trouve un cul-de-lampe sur bois, le même que celui du 5ᵉ livre page 137, signé aussi I. P.

Au lieu de tome 2, page 183, fable 7 : le Mulet se vantant de sa généalogie, il y a : « Tom. 2 Page 184. »

Au lieu de tome 2, page 184, fable 8 : le Vieillard et l'asne, il y a : « Tom. 2 page 185. »

Au lieu de t. 2, p. 186, f. 9 : le Cerf se voyant dans l'eau, il y a : « Tom. 2 page 188 ».

Au lieu de t. 2, p. 189, f. 10 : le lièvre et la Tortue, il y a : « Tom. 2 page 191. »

Au lieu de t. 2, p. 193, f. 11 : l'asne et ses maîtres, il y a : « Tom. 2 page 195. »

Cette fable est numérotée 9 au lieu de 11, il y a donc 2 fables 9 dans ce livre.

Au lieu de tome 2, page 197, fable 12 : le Soleil et les Grenouilles, il y a : « Tom 2 page 199. »

Au lieu de tome 2, page 200, f. 13 : le Villageois et le Serpent, il y a : « Tom 1 page 202. »

Au lieu de tome 2, p. 203, f. 14 : le lion et le Renard, il y a : « Tom 2 page 203. »

Cette fable est la première de ce livre (comme on le voit), dont la pagination de la figure corresponde à la pagination du texte.

Au lieu de tome 2, page 206, fable 15 : l'oiseleur, l'autour et l'alouette, il y a : « Tom. 2 page 208. »

Au lieu de tome 2, page 209, fable 16 : le Cheval et l'asne, il y a : « Tom. 2 Page 210. » Cette fable est numérotée 17 au lieu de 16, il y a donc deux fables 17 dans ce livre et pas de fable 16.

Au lieu de tome 2, page 212, fable 17 : le chien qui lâche sa proie pour l'ombre, il y a : « Tom. 2 page 214. »

Au lieu de tome 2, page 214, fable 18; le chartier embourbé, il y a : « Tom. 2 page 216. »

Au lieu de t. 2, page 218, f. 19 : le Charlatan, il y a : « Tom. 2 page 220. »

La Discorde, page 222, n'a pas de figure (fable 20).

La place réservée pour une figure avant le texte n'existe pas. Il en est de même pour la fable appelée « la jeune veuve », elle n'a pas de figure et la place pour en mettre une n'existe pas avant le texte.

Le « Privilège du Roy » qui se trouve à la fin de ce 2ᵉ tome se termine ainsi :

« Donné à Paris le 18ᵉ jour de septembre mil six cens quatre vingt douze : Et de nostre Regne le cinquantième. Signé, Par Le Roy en son Conseil Gamart, et scellé du Grand Sceau de Cire Jaune.

« Registré sur le Livre des Libraires et Imprimeurs de Paris le 21 Octobre 1692 Signé P. Aubouin, Syndic.

« Le dit sieur Trabouillet a cedé entierement le Privilège des Fables de La Fontaine aux Sieurs Aubouin, Guignard, David, Charpentier, Osmont, Ribou, Clousier et Cousars, pour en jouir suivant les traitez faits entr'eux.

« Achevé d'imprimer pour la première fois, en vertu du présent Privilège, le 22 mars 1697. »

IIIᵉ volume.

Ce 3ᵉ volume n'a pas de faux-titre.

Le 3ᵉ volume a exactement le même titre et le même fleuron que le 1ᵉʳ volume, seulement le n° du tome et l'indication de sa contenance est remplacé par ceci : « Tome troisième. » «Contenant le VII et VIII. Livres des Fables. »

Ce 3ᵉ volume commence par un « avertissement » surmonté d'une vignette sur bois (ornements).

Cet avertissement qui tient un feuillet recto et verso n'est pas paginé, il se termine par un cul-de-lampe sur bois.

La « Table des Fables contenues en ce troisième Tome », par livres, vient après. Elle tient 2 feuillets verso et recto. Ces feuillets ne sont pas paginés.

Le livre VII se termine page 88 et commence page I par un Prologue à Mme de Montespan. Une vignette sur bois (ornements) surmonte ce prologue.

Comme pour le 2ᵉ volume, la pagination du texte de ce 3ᵉ volume ne correspond pas à la pagination qui se trouve au-dessus de chaque figure à gauche sur la planche.

Ce 7ᵉ livre contient 18 fables et 17 figures.

Au lieu de tome 3, page 5, fable 1 : les animaux malades de la Peste, on lit gravé à gauche au-dessus de la figure et du trait carré : « To. 3. p. 9. »

Cette 1ʳᵉ figure est signée en toutes lettres : « F. Chauveau fec. »

(Pour toutes les figures du 3ᵉ volume, ce qui est gravé au-dessus de la fig. est gravé à gauche.)

Au lieu de tome 3, page 11, fable II : le Mal Marié, on lit gravé : « To. 3. p. 15. »

Cette fig. est signée en toutes lettres : « Guerard, fecit » avec un N croisé dans le G.

Au lieu de tome 3, page 16, fable III : Le Rat qui s'est retiré du Monde, on lit gravé : « To. 3. Page 20. »

Cette fig. est signée en toutes lettres : « F. Chauveau, in. et fec. »

Au lieu de tome 3, page 20, fable 4 : Le Héron, fable 5 : la Fille, (ces deux fables n'ont qu'une seule et même figure) est gravé : « To. 3, p. 24. »

Cette figure est retaillée.

Au lieu de tome 3, page 27, fable 6 : les Souhaits, est gravé : « To. 3 p. 31. »

Cette figure est signée : « Guer. fe. ». Elle est retaillée. La signature comporte un N croisé dans le G.

Au lieu de tome 3, page 33, fable 7 : La Cour du Lion, est gravé : « To. 3 p. 31. »

Cette figure est signée : « F. Chauveau in. et fecit. »

Au lieu de tome 3, page 37, fable 8 : les Vautours et les Pigeons, on lit gravé : « To 3 p. 41. »

Cette fig. est retaillée.

Au lieu de tome 3, page 41, fable 9 : le Coche et la Mouche, est gravé : « To 3. p. 45. »

Au lieu de tome 3, p. 45, f. 10 : la laitière et le pot au lait, on lit gravé : « To 3. p. 49. »

Au lieu de t. 3, p. 49, f. 11 : le Curé et la Mort, est gravé : « To 3 p. 53. ». Cette figure est retaillée et usée.

Au lieu de tome 3, page 52, fable 12 : l'homme qui court après la fortune et l'homme qui l'attend dans son lit, est gravé : « To. 3 p. 56. »

Au lieu de tome 3, page 60, fable 13 : les 2 coqs, on lit gravé : To 3. p. 64. » Cette figure est retaillée.

Au lieu de tome 3, page 64, fable 14 : l'Ingratitude et l'injustice des hommes envers la Fortune, est gravé : « To. 3 p. 68. » Cette figure est très usée.

Au lieu de tome 3, page 69, fable 15, les Devineresses, on lit gravé : « To. 3 p. 73. » Cette planche est très usée.

Au lieu de tome 3, page 74, fable 16, le Chat, la Belette et le petit Lapin, est gravé : To 3. p. 78. » Cette fig. est usée.

Au lieu de tome 3, page 78, fable 17, la teste et la queüe du serpent, est gravé : « To. 3. p. 82. »

Au lieu de tome 3, page 82, fable 18, un animal dans la lune, est gravé : « To. 3 p. 86. »

La page 88 est la dernière page du 7ᵉ livre, elle contient un cul-de-lampe sur bois (ornements, soleil au centre), signé : « VC. / LS ».

8ᵉ livre.

Le 8ᵉ livre contient 27 fables et 27 figures. il commence page 89 et se termine page 214.

La page 214 est la dernière du 3ᵉ Tome.

Au lieu de tome 3, page 89, fable 1, la Mort et le Mourant, est gravé sur la planche : « To. 3 p. 39. » Cette figure est très usée.

Au lieu de t. 3 p. 95, fable 2, le Savetier et le Financier, est gravé : « To. 3 p. 99. » Cette figure est retaillée.

Au lieu de t. 3, p. 100, f. 3, le Lion, le loup et le Renard, est gravé : « To. 3. p. 104 ». Cette figure est très usée.

Au lieu de t. 3, p. 104, f. 4, le pouvoir des Fables, à Monsieur de Barillon, est gravé : ... (Cette figure retaillée est tellement boueuse qu'on peut à peine distinguer les personnages et qu'on ne peut lire d'aucune façon ce qui est écrit au-dessus de la figure et du trait carré).

Au lieu de t. 3, p. 110, f. 5, l'Homme et la Puce, est gravé : « To. 3 p. 114. » Cette fig. est usée.

Au lieu de t. 3, p. 113, f. 6, les femmes et le secret, est gravé : « T. 3. p. 117. » Cette fig. est usée.

Au lieu de t. 3, p. 117, f. 7, Le chien qui porte à son cou le disné de son maître, est gravé : « To. 3 p. 121. » Cette fig. est retaillée et usée.

Au lieu de t. 3, p. 122, f. 8. Le rieur et les Poissons, est gravé : « To. 3. p. 126. » Cette planche est retaillée.

Au lieu de t. 3, p. 125, f. 9, le Rat et l'Huître, est gravé : « To. 3 p. 129. » Cette figure est très usée.

Au lieu de t. 3, p. 130, f. 10, l'ours et l'amateur des Jardins, est gravé : « To. 3. p. 134. » Cette figure est très usée et retaillée.

Au lieu de t. 3, p. 136, f. 11. Les 2 amis, on lit gravé : « To. 3 p. 140. » Cette figure est usée, elle est signée en toutes lettres : « F. Chauveau, in. et fec. »

Au lieu de t. 3, p. 140, f. 12, le Cochon, la Chèvre et le mouton, est gravé : « To. 3 p. 144. » Cette fig. est usée, elle est signée en toutes lettres : « F. Chauveau in. et fec. »

Au lieu de t. 3, p. 144, f. 13, Tircis et Amarante pour Mademoiselle de Sillery, est gravé : « To. 3 p. 148. « Cette fig. est très usée, elle est signée : « F. Chauveau inv. et fec. »

Au lieu de t. 3, p. 150, f. 14, les obsèques de la Lionne, il n'y a rien qui soit gravé au-dessus de la figure qui est retaillée.

Au lieu de tome 3, page 156, fable 15, le Rat et l'éléphant, est gravé : « To. 3. p. 160 ». Cette figure est usée.

Au lieu de t. 3, p. 160, f. 16, l'Horoscope, on lit gravé : « To 3. p. 161. » Cette fig. est retaillée et très boueuse.

Au lieu de t. 3, p. 168, f. 17, l'asne et le chien, est gravé : « To 3. p. 172. » Cette fig. est usée.

Au lieu de t. 3, p. 172, f. 18, le Baffa et le Marchand, est gravé : « To. 3 p. 176. » Cette fig. est très usée.

Au lieu de to. 3, p. 177, f. 19, l'Avantage de la Science, est gravé : « To. 3 p. 181. »

Au lieu de t. 3, p. 185, f. 20, Jupiter et les Tonnerres, est gravé : « To. 3 p. 189. »

Au lieu de t. 3, p. 185, f. 21, le Faucon et le Chapon, est gravé : « To. 3 p. 189. »

Au lieu de t. 3, p. 189, f. 22, le Chat et le Rat, est gravé : « To 3 p. 193. » Cette planche est retaillée.

Au lieu de t. 3, p. 194, f. 23, le Torrent et la Rivière, est gravé ; « To 3. p. 198. » Cette planche est usée.

Au lieu de t. 3, p. 197, f. 24, l'Éducation, est gravé : « To. 3 p. 201 ». Cette planche est usée.

Au lieu de t. 3, p. 200, f. 25, les 2 chiens et l'asne mort, est gravé : « To 3. p. *402.* » Cette planche est retaillée.

Au lieu de t. 3, p. 205, f. 26, Democrite et les abderitains, est gravé : « To. 3 p. 209. »

Au lieu de t. 3, p. 210, f. 27, le loup et le chasseur, est gravé : « To 3, p. *412* », à gauche à l'intérieur du trait carré. Cette planche est retaillée et usée.

Toutes les inscriptions gravées dans ce volume au-dessus des figures sont gravées à la pointe.

L'exemplaire de cette édition que nous avons examiné est celui de la Bibliothèque Nationale ; il ne contient pas le tome 4, nous ne pouvons donc en rendre compte et passons de suite au tome 5. Ceci d'ailleurs est de peu d'importance étant donné l'examen aussi complet que possible des 4 autres volumes.

V^e volume.

Le 5e volume a exactement le même titre et le même fleuron que les 1er et 3e volumes ; seulement le numéro des tomes et l'indication de leur contenance est remplacé par ceci :

« Tome Cinquième || contenant le XII. Livre. »

Ce 5e volume commenc par une vignette en tête de l'épître en prose « à Monseigneur le Duc de Bourgogne ».

Cette épistre n'est pas paginée.

Vient ensuite la « Table des Fables contenues en ce cinquième tome ». Cette table est classée par ordre de fables et n'est pas paginée.

Ce livre contient 29 fables et 29 figures, à cause de 2 fables 27.

Il commence page 1 où se trouve la 1re fable du livre et se termine page 238. Deux feuillets blancs non paginés viennent après.

Toutes les inscriptions gravées dans ce 5e volume au-dessus des figures sont gravées à la pointe.

Comme pour les 2e et 3e volumes, ces inscriptions ne correspondent pas à la pagination du texte ; elles sont, en outre, lorsqu'on regarde la figure, placées à gauche et non à droite.

Les figures de ce 5e volume sont très usées.

L'inscription au-dessus de la 1re figure correspond à la pagination du texte.

Ainsi l'on a pour les compagnons d'Ulisse : « T. 5, p. 1. » Mais au lieu de t. 5 p. 11 on a : « T. 5 p. 10 ». Le Chat et les 2 Moineaux, fable 2.

Au lieu de t. 5 p. 15 on a : « T. 5 p. 14 », le Thésauriseur et le Singe, fable 3.

Au lieu de t. 5 p. 19 on a : « t. 5 p. 18 » les 2 chèvres, fable 4.

Cette figure est remarquablement usée.

Page 23 se trouve une vignette sur bois (ornements liserets) avant : « A Monseigneur le Duc de Bourgogne, qui avait demandé à M. de la Fontaine une fable qui fut nommée le Chat et la Souris. »

Au lieu de t. 5 p. 26 on a : « t. 5 p. 25. » Le vieux Chat et la jeune souris, fable 5.

Au lieu de t. 5, p. 29, on a, au-dessous du trait carré dans la figure ; « t. 5 p. 28 », le cerf malade, fable 6. Cette figure est remarquablement usée.

Au lieu de t. 5, p. 32, on a : « t. 5 p. 31 », la chauve-souris, le buisson et le canard, fable 7.

Au lieu de t. 5, p. 36, on a : « t. 5 p. 35. » La querelle des chiens et des chats et celle des chats et des souris, fable 8.

Au lieu de t. 5, p. 41, on a : « t. 5 p. 40 », le loup et le Renard, fable 9.

Avant cette fable se trouve des vers ayant trait à une fable faite en vers par Mgr le Duc de Bourgogne à l'âge de 8 ans.

Au lieu de t. 5, p. 47, on a : « t. 5 p. 46 » l'Ecrevisse et sa fille, fable 10.

Au lieu de t. 5, p. 51, on a : « t. 5 p. 50 » l'aigle et la pie, fable 11.

Au lieu de t. 5, p. 55, on a : « t. 5 p. 53 », le Milan, le Roy et le chasseur, fable 12.

Au lieu de t. 5, p. 66, on a : « t. 5 p. 63 », le Renard, les Mouches et le Hérisson, fable 13.

Cette planche est très usée ainsi que la suivante.

Au lieu de t. 5, p. 69, on a : « t. 5 p. 66 », l'amour et la folie, fable 14.

Au lieu de t. 5, p. 72, on a : « t. 5 p. 69 », le Corbeau, la Gazelle, la tortue et le Rat, fable 15.

Au lieu de t. 5, p. 82, on a : « t. 5 p. 79 », la forêt et le bûcheron, fable 16.

Au lieu de t. 5, p. 85, on a : « t. 5 p. 82 », le Renard, le loup et le cheval, fable 17.

Au lieu de t. 5, p. 89, on a : « t. 5 p. 86 », le Renard et les poulets d'Inde, fable 18.

Au lieu de t. 5, p. 92, on a : « t. 5 p. 89 », le singe, fable 19.

Au lieu de t. 5, p. 94, on a : « t. 5 p. 91 », le philosophe Scithe, fable 20.

Au lieu de t. 5, p. 98, on a : « t. 5 p. 95 », l'éléphant et le Singe de Jupiter, fable 21.

Cette planche est très usée.

Au lieu de t. 5, p. 102, on a : « t. 5 p. 99 », un fou et un sage, fable 22.

Au lieu de t. 5, p. 105, on a : « t. 5 p. 102 », le Renard anglois, fable 23.

Au lieu de t. 5, p. 112, on a : « t. 5 p. 109 », Daphnis et Alcimadure, fable 24.

Au lieu de t. 5, p. 120, on a : « t. 5 p. 111 », Philémon et Baucis, fable 25.

Au lieu de t. 5, p. 140, on a : « t. 5 p. 116 », la Matrone d'Ephèse, fable 26.

Au lieu de t. 5, p. 157, on a : « t. 5 p. 152 », Belphegor, fable 27.

Au lieu de t. 5, p. 177, on a : « t. 5 p. 171 », Les filles de Minée, fable 27.

Comme on le voit il y a deux fables qui sont cataloguées sous le n° XXVII, Belphégor, page 157 et les filles de Minée, page 177

Au lieu de t. 5, p. 232, on a : « t. 5 p. 172 », le Juge arbitre, l'hospitalier et le Solitaire. Fable numérotée ainsi : « XXVII I. »

A propos de cette édition on lit dans Quérard :

« Fables choisies mises en vers français (divisées en XII livres), Paris, Libraires associés, 1709, 5 vol. in-12. »

C'est la 1re édition où les livres soient numérotés depuis un jusqu'à douze. Pour concevoir combien ce changement était nécessaire, dit M. Walckenaer, il faut savoir de quelle étrange manière l'ouvrage était divisé dans la dernière édition donnée par l'auteur (ou 1678-1679, 4 vol. in-12). Les 2 premiers volumes contiennent les 6 premiers livres et forment la première et la seconde partie ; et les 3 derniers livres, que renferme la troisième partie, sont intitulés livres IV, V et VI de sorte que, pour cette partie du recueil, les numéros des livres se suivent. Dans les deux volumes suivants qui forment la 3e et 4e parties, la série des nombres recommence ; dans le 3e volume ou la 3e partie sont les livres I et II et dans le 4e volume ou la 4e partie sont les livres III-V ; de sorte que la série des chiffres ne correspond ni à l'ensemble du recueil, ni à chacune des parties ; car pour cela on aurait dû recommencer à compter livre I au commencement de chaque partie. Le fait est que La Fontaine avait publié deux recueils de fables à un assez long intervalle de temps, et le numérotage des Livres se rapportait à cette division en deux recueils ; mais quand il les fit réimprimer ensemble, il ne fit mention de cette division en 2 recueils que dans sa préface du second : il ne l'indiqua point sur les titres et dans la table, et tout fut brouillé. Ce fut encore bien pis lorsque le 5e ou le dernier volume parut longtemps après. Ea Fontaine le destinait sans doute à former un sixième livre à son second recueil, afin de le rendre, sous ce rapport égal au premier, qui était aussi divisé en six livres ; mais par une distraction inconcevable, il intitula ce nouveau livre, *livre septième* au lieu de livre sixième ; et cette erreur de livre septième se retrouve à chaque page dans le titre courant. Les éditeurs de 1709 ont eu raison de faire disparaître ces irrégularités ; mais c'est le seul changement qu'ils ont fait, et ils ont réimprimé l'édition orignale, sans y rien ajouter, ni sans en rien retrancher.

Les fautes d'impression de la 1re édition ont été corrigées avec soin dans cette édition ; et, quoique peu recherchée, elle est excellente et sera très utile aux éditeurs qui ne pourraient trouver les premières.

28. — Fables choisies, mises en vers par M. de La Fontaine. Paris, Mich. Clouzier, 1709. 5 vol. in-12.

Nombreuses figures sur cuivre à mi-page.

N'ayant pu avoir en mains un exemplaire de cette édition, la bibliothèque nationale n'en possédant pas, nous nous contenterons de rapporter ce qu'en dit 1° le Catalogue A. Rochebilière (première partie), sous le n° 169 ; ce catalogue faisant foi, jusqu'à présent, en la matière.

« V. gr.   . »

« Édition contenant les dernières fables de La Fontaine publiées dans les Recueils du P. Bouhours et de Mme Ulrich. M. Walckenaer dit que cette édition est bonne (œuvres de La Fontaine, édit. de 1827, tome 1er, page cxi et suivantes et note 1 de cette dernière. »

Collation de l'exemplaire : Tome 1, 28 ff. prélimin., 216 pag. chiffr. et 2 ff. non chiffr. pour le privilège ; — Tome II, 1 f. blanc et 3 ff. prélimin. non chiffr., 229 pag. chiffr., 3 pag. non chiffr. pour le privilège ; — Tome III, 1 f. blanc, 4 ff. prélimin. non chiffr., 214 pag. chiffr. et un feuillet blanc final ; — Tome IV, 1 f. blanc, 3 ff. prélimin. non chiffr. et 227 pag. chiffr. ; — Tome V, 1 f. blanc, 5 ff. prélimin. non chiffr., 238 pag. chiffr. et 1 feuillet blanc final. — Exempl. très propre à l'intérieur, grand de marges et avec témoins. — Hauteur : 161 millim. »

L'éditeur de cette édition fait partie des concessionnaires de la Compagnie des Libraires indiqués dans le privilège de l'édition.

Cette remarque se rapporte à l'édition suivante, même date.

Donc pour cette édition voir l'étude de l'édition suivante.

29. — Fables choisies mises en vers par M. de La Fontaine à Paris, chez Henry Charpentier, Grande Salle du Palais, près la Chapelle, au bon Charpentier,
M. DCC IX.

5 volumes in-12. Figures à mi-page de Francisque Chauveau.

Cette édition est exactement la même que celle imprimée à Paris sous la même date par la Compagnie des Libraires. Les figures sont les mêmes. Cependant il existe quelques petites différences, qui font que nous examinerons cette édition dans tous les détails.

Cette édition à première vue semble la première parue des deux ; les planches ne sont pas aussi usées ; les figures, en outre, qui manquent dans le 1er volume de l'autre édition ne manquent pas dans cette édition-ci :

Ces figures sont : page 156, livre 3, fable 2, les membres et l'estomach.

La planche est très usée ; au-dessus de la planche à droite, ou pour mieux dire, du trait carré, est gravé : « Tom. I pag. 156. »

Page 161, livre 3, fable 3, le loup devenu berger.

La planche est très usée ; au-dessus de la planche et du trait carré est gravé : « Tom I. pag. 161. »

Page 165, livre 3, fable 4, les Grenouilles qui demandent un roy.

La planche est usée ; au-dessus est gravé : « tom I. pag. 165. »

Les culs-de-lampe de cette édition sont moins usés que les culs-de-lampe de l'édition de 1709 par la Compagnie des Libraires.

1er volume.

Il a pour titre : « Fables choisies mises en vers par M. de La Fontaine. Tome premier.

« Contenant la vie d'Esope et les I, II, III livres de Fables. »

(Là se trouve un fleuron (corbeille de fleurs); ce fleuron n'est pas le même que celui du 1ᵉʳ volume de l'édit. 1709, par la Compagnie des Libraires.)

|| à Paris, || chez Henry Charpentier, grande Salle du Palais, près la Chapelle, au bon Charpentier || M. DCC IX. || Avec Privilège du Roy. || »

A la fin de ce premier volume se trouve un privilège du Roy qui n'existe pas dans l'autre édition de 1709 de la Compagnie des Libraires.

Ce privilège se termine ainsi :

« Donné à Versailles le 5 novembre, l'an de grâce 1708. Et de nôtre Règne le soixante-sixième. Par le Roy en son Conseil.

Le Comte. »

« Registré sur le Registre n° 2, de la Communauté des Libraires et Imprimeurs de Paris, pag. 388, n° 737. Conformement aux Réglemens, et notamment à l'arrest du Conseil du 13 août 1703. A Paris ce 4 décembre 1708.

Signé, Louis Sevestre, syndic. »

« Et ledit sieur David a fait part du droit du Présent Privilège, pour ce qui regarde les Fables mises en vers par le sieur de La Fontaine, aux sieurs Guignard, Charpentier, Cavelier, Osmont, Ribou, Clouzier et Consors Libraires à Paris, pour en jouïr conjointement avec luy suivant les traitez faits entre eux. »

Ce privilège n'est pas paginé ; il tient les pages 217, 218, 219, 220.

2ᵉ volume.

Il a le même titre que le 1ᵉʳ, il ne diffère que par ceci : « Tome second || contenant les IV, V, et VII livres. || »

Là se trouve un fleuron (corbeille de fleurs) sur bois. Ce fleuron diffère de celui du titre du 1ᵉʳ volume et diffère aussi du fleuron du titre du 2ᵉ volume de l'édit. de 1709 de la Compagnie des Libraires.

La planche de la page 56 paraît retaillée, mais est très usée dans cette édition.

Les pages 230, 231, 232 qui ne sont pas paginées contiennent le Privilège du Roy (Le même que celui qui se trouve à la fin du 2ᵉ vol. de l'édit. de 1709 de la Compagnie des Libraires).

3ᵉ volume.

Il a le même titre que les deux premiers vol. ; il ne diffère que par ceci :

« Tome troisième || contenant les VII et VIII livres. ||

Là se trouve un fleuron sur bois (ornements) différent des fleurons des 2 premiers volumes.

Ce fleuron diffère aussi du fleuron des titres des 3 premiers volumes de l'édition de 1709 de la Compagnie des Libraires.

Dans cette édition on peut lire page 104 au-dessus de la figure à gauche : « To. 3. p. 108. »

4ᵉ volume.

Il a le même titre que les 3 premiers volumes, il ne diffère que par ceci : « Tome quatrième || contenant les IX, X et XI livres. || »

Là se trouve un fleuron sur bois (ornements) différent des Fleurons des titres des 3 premiers volumes.

Ce volume commence par la « Table des Fables contenues dans ce quatrième Tome, » par livre. Cette table n'est pas paginée.

Le livre 9 commence page 1 et finit page 78. Il contient 19 fables et 19 figures.

Dans ce volume le numérotage du tome et la pagination gravés sur chaque planche de cuivre au-dessus de la figure à gauche et à la pointe ne correspondent pas exactement à la pagination du texte ; ainsi :

Livre 9, tome 4, page 1. Le dépositaire infidelle (*sic*), sur la planche de cuivre, il y a : « T. 4 p. 3. »

Au lieu de t. 4, p. 8, il y a : « T. 4 p. 10. » Les 2 pigeons.

Au lieu de t. 4, p. 15, il y a : « T. 4 p. 11. » Le Singe et le Léopard.

Au lieu de t. 4, p. 19, il y a : « T. 4 p. 21. » (ceci n'est pas à la pointe), le Glan (*sic*) et la Citrouille ; cette figure est tellement usée qu'elle est presque effacée.

Au lieu de t. 4, p. 23, il y a : « T. 4 p. 25. » L'écolier, le Pédant et le maître d'un jardin.

Au lieu de t. 4, p. 27, il y a : « T. 4. p. 25 ». Le Statuaire et la Statue de Jupiter.

Au lieu de t. 4, p. 31, il y a : « T. 4 p. 40 », la Souris métamorphosée en fille.

Au lieu de t. 4, p. 38, il y a : « T 4. p. 33 », le fou qui vend la sagesse.

Au lieu de t. 4, p. 42, il y a : « T. 4 p. 44 », l'huître et les plaideurs.

Au lieu de t. 4, p. 45, il y a : « T. 4 p. 47 », le loup et le chien maigre.

Cette figure est retaillée et boueuse.

Au lieu de t. 4, p. 48, il y a : « T. 4, p. 50. » Rien de trop.

Au lieu de 4, p. 51, il y a : « T. 4 p. 55 », le

Cierge. — Un trait noir au milieu de cette figure prouve que la planche était fendue en deux lorsqu'on l'a tirée. Elle est d'ailleurs usée.

Au lieu de t. 4, p. 54, il y a : « T. 4 p. 56 », à gauche au-dessous du trait carré dans la figure qui est usée. Jupiter et le Passager.

Au lieu de t. 4, p. 57, il y a : « T. 4 p. 59. » Le Chat et le Renard.

Au lieu de t. 4, p. 61, il y a : « T. 4. p. 65. » Le Mary, la femme et le Voleur.

Un trait noir au milieu de cette figure prouve que la planche était fendue en deux lorsqu'on l'a tirée. Elle est d'ailleurs usée.

Au lieu de t. 4, p. 64, il y a : « T. 4 p. 66 », le trésor et les 2 hommes. Cette planche est très usée.

Au lieu de t. 4, p. 68, il y a : « T. 4 p. 70 », le Singe et le Chat, figure presque effacée.

Au lieu de t. 4, p. 72, il y a : « T. 4 p. 73 », le Milan et le Rossignol, figure presque effacée.

Au lieu de t. 4, p. 75, il y a : « T. 4 p. 75 », le Berger et son troupeau, on voit qu'ici la pagination de la fig. correspond exactement à la pagination du texte.

Le 10e livre commence page 79 et finit page 173. Il contient 16 fables et 16 figures.

Le 11e livre commence page 174 et finit page 227 qui est la dernière page du volume. Il contient 9 fables et 9 figures. Plus un épilogue.

Les figures des livres 10 et 11 sont en général très usées : l'indication qui se trouve sur chaque planche au-dessus de la figure continue à ne pas correspondre avec la pagination du texte.

V^e volume.

Le 5e volume a exactement le même titre que les 4 premiers, il ne diffère que par ceci :

« Tome cinquième contenant le XIIᵉ livre. »

Le fleuron sur bois qui se trouve sur le titre diffère des fleurons des titres qui se trouvent dans les 4 premiers volumes. Ce fleuron est le même que celui du 5ᵉ volume de l'édition de la Compagnie des Libraires de 1709.

Au bas du titre, il y a au lieu de « *au bon Charpentier* » « *au bon Chanpentier.* »

L'observation faite pour le numérotage de la fable 28, édition de 1709, Compagnie des Libraires, n'existe pas pour cette édition.

L'exemplaire de la Bibliothèque Nationale porte dans chacun de ces volumes un ex-libris « du Cabinet de Livres de Pontchartrain. »

« Y 6604 B. b. I » « 2. 3. 4. »

30. — Fables || choisies || mises en vers || par M. de La Fontaine. || Tome..... || contenant les..... Livres || à Paris, || chez Christophe David, Quay || de Conty, à S. Christophe. || M. DCC. IX. || avec Privilège du Roy.

Figures à mi-pages de F. Chauveau.

Cette édition est la même que celle de la même date de la Compagnie des Libraires. Christophe David était parmi les libraires auxquels le privilège avait été concédé, comme on peut le voir d'ailleurs dans l'extrait de ce privilège qui se trouve dans l'édition de la Compagnie des Libraires.

N'ayant pu examiner le 4ᵉ volume de la Compagnie des Libraires, 1709, nous examinerons le 4ᵉ volume de cette édition qui est la même que celle de la Compagnie des Libraires comme nous venons de le voir.

Ce 4ᵉ volume n'a pas de faux-titre. Immédiatement après le titre sur le feuillet suivant vient la || Table || des Fables contenues || dans ce quatrième Tome. ||

Cette table commence par une petite dentelle typographique. Elle contient 2 feuillets non paginés.

On lit sur le titre de ce tome :

|| Tome quatrième || contenant les IX, X et XI Livres. ||

Toutes les fables commencent par une lettre ornée. Un grand nombre se terminent par 1 cul-de-lampe sur bois mais pas toutes. Le numérotage des fig. ne correspond pas à la pagination.

Le livre IX se termine page 78.

Le livre X se termine page 173.

Le livre XI se termine page 227, qui est la dernière du volume.

Page 51, livre IX, fable XII, « le Cierge » a une figure dont la planche a été fendue vers le milieu et le bas.

Page 61, livre IX, fable XV, « le Mary, la femme et le Voleur » a une figure dont la planche a été fendue à gauche.

Page 117, livre X, fable V, « l'Enfouisseur et son compère » a une figure dont la planche a été légèrement fendue en bas au milieu.

Page 174, livre XI, fable I, « le Lion » a une figure dont la planche a été légèrement fendue au centre vers la droite.

31. — Fables || choisies || mises en vers || par M. de La Fontaine. || Tome..... || contenant les..... Livres || à Paris, || chez Michel David, Quay des || Augustins, à la Providence. || — || M. DCC IX || avec Privilège du Roy. ||

Figures à mi-pages de Francisque Chauveau.

Cette édition est la même que celle de la même date de la Compagnie des Libraires. Michel David était parmi les libraires auxquels le privilège avait été concédé, comme on peut le voir d'ailleurs dans l'extrait de privilège qui se trouve dans l'édition de la Compagnie des Libraires, 1709.

32. — Fables || choisies || mises en vers || par M. de La Fontaine. || Tome..... || contenant les..... Livres. ||
Là se trouve un fleuron sur bois.

|| A Paris, || chez Antoine Damanneville, || Quay des Augustins, proche la rue Gille- || Cœur, à l'image de Saint Estienne, || — || M. DCC IX. || Avec Privilège du Roy, ||

Même édition que celle de même date de la Compagnie des Libraires, avec les mêmes figures.

1713

33. — Fables choisies mises en vers par Monsieur de la Fontaine et par lui reveuës corrigées et augmentées de nouveau. Puis traduites et mises en prose le plus succinctement qu'il a été possible par M. Baltazar Nickisch maître de langue à Ausburg, Chés (sic) Jean Ulric Kraus Bourgeois et graveur en taille douce. Cum privilegio Sacræ Cæs. Magistratis. Ausburg. Chez Jacques Lotter M. DCC. XIII.

2 volumes gr. in-12 en un, avec un second titre en Allemand, un frontispice original pour chaque partie. Figures copies de Chauveau par Kraus (2 par pages).

Quelques bibliographes ont noté que cette édition était de 1708-1709, mais l'exemplaire qui se trouve à la bibliothèque nationale porte la date de 1713.

Il y a bien eu à la date de 1707 à Augsbourg un recueil de Fables en trois langues (Italien — Allemand — Français) en prose avec la version Allemande de

Balthazar Nickisch et les gravures de Kraus, mais cette édition ne contient qu'un certain nombre de sujets de fables de La Fontaine au nombre de 23. Les autres fables sont d'Esope, de Phèdre, et d'Italiens du moyen-âge.

Le titre de ce livre est en Italien, en Allemand et en Français.

Voici le texte du titre français.

Fables choisies traduites du Français en Italien par le sieur Veneroni, maître des susdistes langues à Paris, et puis en Allemand par M. Balthazar Nikisch, maître de langue à Ausbourg, enrichi de fig. gravées en taille-douce à chaque fable 2 par page au profit de la récréation de la jeunesse aimant les langues et les arts. Ausbourg chez Jean Ulrich Kraus Bourgeois et graveur de la dite ville 1707.

Cum privilegio Sacræ Majestatis.

Augspurg Druckes — Gaspard Brechenmacher.

Les figures des fables sont originales; elles sont de Kraus (2 par pages).

Nous devons les renseignements qui précèdent à l'obligeance du regretté Docteur Després le savant bien connu amateur passionné de tous les livres qui concernaient La Fontaine.

Cette édition de 1713 par Balthazar Nickisch est fort rare.

1725

34. — Fables traduites et mises en prose allemande par Balth. Nickisch. Ausbourg, J. J. Lotter, 1725, 5 front. et 236 vign. Un vol. in-8.

Cette édition est de toute rareté; la Bibliothèque Nationale n'en possède pas d'exemplaire. Elle est la reproduction fidèle de l'éd. de 1713. L'exemplaire que nous avons analysé est celui qui a été vendu à la vente de la Bibliothèque de feu M. Charles Dècle chez Labitte, 4, rue de Lille, sous le n° 154 le 28 avril 1890 pour la somme de 23 francs à M. Mathias, lib. M. Dècle l'avait acheté 50 francs malgré les feuillets qui manquaient. Le Catalogue Labitte l'indique comme ayant une demi-rel. v. gris avec coins, dos orné. fil, tr., dor.

M. Mathias l'avait acheté pour le compte de M. Haüy.

Cette édition commence par un feuillet blanc, puis vient un frontispice non signé paginé en haut à droite au-dessus du trait carré ainsi ; « pag. I. » Ce frontispice est gravé sur papier hors texte.

Description du Premier frontispice.

Il a 140 millimètres de hauteur d'un trait carré à l'autre et 75 millimètres de largeur.

Au milieu du frontispice en bas se trouve un médaillon rond sur lequel sont gravés ces mots : || Première || Partie || mots traduits en allemand et répétés de la même façon dans le médaillon au-dessous des mots français sur deux lignes.

De ce médaillon partent de chaque côté des ornements (feuillages) formant en dedans du trait carré un cadre oval entourant l'ensemble du frontispice. Au-dessus du médaillon se trouve un flot de rubans. Au-dessus de ce flot de rubans, un masque et des instruments de musique (tambour de basque, lyre, etc.) se trouvent aux pieds d'une femme placée à droite du frontispice regardant vers la gauche. Cette femme a le pied droit plus élevé posé sur un banc et son corps repose sur la jambe gauche. Elle est coiffée d'un casque de Minerve et tient à la main droite une feuille de papier sur laquelle sont gravés des animaux minuscules. Le Bras droit est appuyé sur un bureau formant corps avec le banc sur lequel pose son pied. Elle tient une clef dans sa main gauche. Un bouclier est appuyé sur sa jambe gauche. Ce bouclier représente une tête de Méduse. Au deuxième plan à gauche se trouve un château fort. Au troisième plan on voit la mer sur laquelle sont des vaisseaux.

Sur le feuillet suivant se trouve un faux titre : || Fables || choisies ||. Ces deux mots sont traduits en allemand au-dessous sur trois lignes. Ce qui fait que ce faux titre a cinq lignes de un mot chacune.

Au verso de ce faux titre, sur le même feuillet se trouve un titre en allemand : sur le recto du feuillet suivant, c'est-à-dire la page suivante se trouve le titre en Français correspondant exactement au texte du titre allemand.

Le voici :

Fables || choisies || mises en vers || par Monsieur || de La Fontaine || et par luy reveuës, corrigées et || augmentées de noveau (sic) || puis || traduites et mises en prose allemande le || plus succinctement qu'il a été || possible || par || Balthasar Nickisch, || maître de Langue à Ausburg. || Chés (sic) Jean Ulric Kraus, || Bourgois (sic) et graveur en taille douce || et || chés (sic) Abraham Steislinger, || Bourgeois. || Deuxième Edition reveüe et corrigée, || avec Privilège de Sa Majesté Impériale || Ausbourg, || Imprime chés (sic) Jean Jacques Lotter, || MDCCXXV. ||

Sur chaque planche (papier hors texte) sont gravées 2 figures (sujets de fables). Chacune de ces figures est entourée d'un trait carré. Au-dessous du tr. c. de chaque figure et au milieu de ce trait carré inférieur se trouve un petit numéro gravé correspondant au numéro de chaque figure. La pagination de chaque planche est en haut à droite généralement au-dessus du tr. c. de la fig. supérieure, quelquefois à l'intérieur de ce trait carré, mais toujours en haut à droite ; elle est paginée ainsi : « Pag. 2. ».

La première planche contient deux figures comme je viens de le dire : ces deux figures ont les numéros 3 et 4 au-dessous de leur trait carré. Vient ensuite le texte français sur le recto de la feuille suivante car les figures n'ont pas de texte à leur verso.

La pagination continue ainsi, le texte allemand sur les pages paginées paires, le texte français sur les pages paginées impaires.

Observations.

Après la page 10 (texte allemand) vient une planche paginée ainsi : « pag. 36 ». Cette planche contient (comme d'ailleurs toutes les planches de l'ouvrage à l'exception des frontispices) deux figures.

Au-dessous du tr. c. de la fig. supérieure est gravé le n° : 7. Au-dessous de la fig. inférieure le n° : 8.

Les numéros au-dessous des fig. de chaque planche correspondent aux numéros des fables.

Après la page 16 (texte allemand) vient la planche paginée : « pag. 26 ». Contenant les fig. numérotées : 9 et 10.

Toutes les fig. de l'ouvrage sont très poussées au noir et en général boueuses. Aucune n'est signée. Elles sont mauvaises et retaillées ; elles doivent être les mêmes que celles de Cause, ou celles de Cause leur ont servi de modèle. Certaines semblent être les mêmes que celles de Cause retournées. Elles mesurent 65 millim. de largeur sur 55 millim. de hauteur.

Sur le verso du titre français est imprimé en texte allemand et en langue allemande :

|| Préface || aux amateurs des Langues || et des Arts ||. Sur le recto du feuillet suivant, c'est-à-dire à la page suivante se trouve le texte en français vis-à-vis, correspondant exactement au texte allemand.

Chacune de ces deux pages est surmontée d'un ornement sur bois différent. En outre, la pagination de chacune d'elles est celle-ci : « (o) » entre deux petits ornements sur bois formant rosace.

Cette pagination est située en haut au milieu de la Page. Le texte allemand de cette préface tient 2 pages paginées de la même façon et disposées de la même façon. Le texte français tient par conséquent aussi 2 pages paginées et disposées elles aussi de la même façon, c'est-à-dire étant toujours en regard du texte allemand.

Cette préface est signée : « || Votre très humble et très-obéissant || serviteur || Arbraham Steislinger ||.

Au bas de la dernière page du texte français, ce mot en caractères et en texte allemand « || Erstes || ».

Ce mot n'existe pas sur la dernière page du texte allemand.

Vient ensuite sur le verso du dernier feuillet de la préface la première fable texte allemand en prose, puis sur le recto du feuillet suivant, c'est-à-dire sur la page suivante le texte en français qui se trouve vis-à-vis et correspond exactement par conséquent au texte allemand. La première fable (texte allemand et texte français) est surmontée d'un ornement sur bois, le même pour les deux textes. Ces 2 premières pages ne sont pas paginées.

La deuxième page du texte allemand est paginée 2 en haut à droite. Puis vient une planche contenant deux vignettes sur papier hors texte (sujets de 2 fables). Cette planche est paginée 2 aussi, à droite au-dessus du trait carré de la première figure.

Après la page 20 (texte allemand) vient la planche paginée : (« pag. 20 ») contenant les fig. numérotées 11 et 12.

La pagination du texte allemand correspond en général à la pagination des planches, mais pas toujours.

Après la page 24 (t. a.) vient la planche paginée : « pag. 24 » contenant les fig. numérotées : 13 et 14.

Après la page 28 (t. a.) vient la planche paginée : («pag. 30 ») contenant les fig. numérotées 15 et 16.

La Fable XV la Mort et le Malheureux et la fable XVI la Mort et le Bûcheron n'ont qu'une seule fig. pour elles deux. Cette fig. correspond au texte allemand de « la Mort et le Malheureux » bien que la figure représente « la Mort et le Bûcheron » fig. 15.

La fig. 16 qui représente « l'homme entre 2 âges et ses 2 maîtresses » ne correspond pas au texte allemand qui est à la page 30, tandis que la fig. est placée comme nous venons de le voir vis-à-vis de la page 28.

En outre le texte de cette fable est numéroté 17. Les numéros des fig. à partir de ce moment ne correspondent plus aux numéros du texte des fables.

Après la page 32 (t. a.) vient la pl. paginée « pag. 32 » contenant les fig. numérotées 17 et 18.

La fig. 17 « le Renard et la Cigogne » a son texte allemand fable 18 à la page 18.

La fig. 18 « l'Enfant et le Maître d'École » a son texte allemand fable 19 à la page 34.

Après la page 36 du texte allemand vient la planche paginée « pag. 37 » contenant les fig. numérotées 19 et 20.

Ces 2 fables ont les figures en face du texte allemand bien que le numérotage des fig. continue à différer de un avec le numérotage de la fable.

La fable 22 termine le 1ᵉʳ livre.

La page 42 et la page 43 commencent par un ornement sur bois. Au milieu de ces ornements et au-dessus est gravé : (o) entre deux petites rosaces sur bois.

Après la page 46 (t. a.) vient la planche paginée « pag. 46 » contenant les fig. numérotées 23 et 24.

Le numérotage du texte des fables recommence à chaque livre tandis que le numérotage des fig. continue.

Ainsi : Fable 2 « Le Conseil tenu par les Rats » correspond à la fig. 23 ; Fable 3 à la fig. 24 etc., etc

Après la page 48 (t. a.) vient la planche paginée « pag. 48 » contenant les fig. 25 de la fable IV et 26 de la fable V. Le texte de cette dernière fable (allemand et français) est à la page 50 et 41.

Apres la page 52 (texte allemand) vient la planche paginée « pag. 52 » contenant les fig. 27 de la fable VI et 28 de la fable VII.

Après la page 54 (texte allemand), vient la planche paginée « pag. 54 » contenant les fig. 29 de la fable VIII et 30 de la fable IX. Le texte de cette dernière fable (allemand et français) est page 58 et 59.

Après la page 60 (texte allemand) vient la planche paginée « pag. 60 » contenant les fig. 31 de la fable X et 32 de la fable XI. Le texte de cette dernière fable (allemand et français) est pages 62 et 63.

La pagination des planches correspond presque toujours exactement à la pagination du texte allemand, bien que les fig. ne soient pas toujours placées en face du texte de la fable correspondante.

(Pour la suite je ne noterai plus que la pagination des planches et les numéros des fig. afin d'abréger ;

mais lorsque la pagination du texte allemand ne correspondra pas à la pagination des planches, je le ferai remarquer).

« pag. 64 » contenant les fig. 33-34.
« pag. 68 »   —   35-36.
« pag. 72 »   —   37-38.
« pag. 74 »   —   39-40.

Livre troisième.

Les pages 82 et 83 commencent par un ornement sur bois, au milieu de ces ornements et au-dessus est gravé : (o) entre deux petites rosaces sur bois.

« pag. 88 » contenant les fig. 43-44.
« pag. 93 »   —   45-46; le texte allemand correspondant à la planche est numéroté 92.
« pag. 97 » contenant les fig. 47-48; le texte allemand correspondant à la planche est numéroté 98.
« pag. 10 » contenant les fig. 49-50; le texte allemand correspondant à la planche est numéroté 100.
« pag. 102 » contenant les fig. 55-56.

La figure 56 « Philomèle et Progné » est pour la fable XV. (Celle-ci est numérotée dans le texte français : « fable XV »), tandis que la figure 55, « la femme noyée », est pour la fable XVI. On voit par conséquent que les figures sont interverties pour ces 2 fables sur la planche et qu'en outre elles sont numérotées 55 et 56 au lieu d'être numérotées 51 et 52.

« pag 110 » contenant les fig. 57-58.

Au bas des pages 114 et 115 (texte allemand et français) commence la || seconde partie || Livre quatrième || fable I || le lion amoureux ||.

Un second frontispice paginé « pag. 100 » à droite au-dessus d'un double trait carré, se trouve entre les pages 114 et 115.

Au-dessous du frontispice au milieu au-dessous du double trait carré sont gravés ces mots ; « || Seconde Partie. || »

Description du 2ᵉ Frontispice.

Ce frontispice est de même grandeur que le 1ᵉʳ frontispice.

Un lion dans une grotte debout sur ses 2 pattes de derrière tient dans sa griffe droite de devant un sceptre. Il est entouré d'animaux. Un aigle vole au-dessus de lui. Au fond l'ouverture de la grotte.

Au-dessus de la Grotte deux personnages sont assis au milieu d'un paysage. Ils sont entourés d'animaux. Au 1ᵉʳ plan à gauche un âne chargé a sa croupe tournée du côté du lecteur. Le personnage de droite joue de la lyre.

A droite près du trait carré se trouve un arbre sur lequel sont perchés un hibou et un singe.

A gauche dans le Frontispice à l'intérieur du double trait carré sont gravés en haut en caractères et en texte allemand ces mots : « Seconde Partie ».

Page 118, texte allemand, planche « pag. 223 », figures 59-60.

Page 120, texte allemand, planche « pag. 321 », figures 61-62.

Page 126, texte allemand, planche « pag. 126 », figures 63-64.

Page 130, texte allemand, planche « pag. 131 », figures 65-66.

La page 121 du texte français est paginée 121.

Page 134, texte allemand, planche « pag. 135 », figures 67-68.

Page 136, texte allemand, planche « pag. 136 », figures 69-70.

Page 142, texte allemand, planche « pag. 143 », figures 71-72,

Page 146, texte allemand, planche « pag. 147 », figures 73-74.

Page 150, texte allemand, planche « pag. 152 », fig. 75-76.

Pour la planche paginée : « pag. 152 », pag, 152 est gravé dans l'intérieur du trait carré de la fig. 75 en haut à droite.

Page 154, texte allemand, planche « pag. 154 », figures 77-78.

Page 158, texte allemand, planche « pag. 158 », figures 79-80.

Aux pages 162 et 163 (textes allemand et français) commence le livre 5.

Page 166, texte allemand, planche « pag. 167 », figures 81-82.

Page 168, texte allemand, planche « pag. 168 », figures 83-84.

Page 170, texte allemand, planche « pag. 172 », figures 85-86.

Page 174, texte allemand, planche « pag. 175 », figures 87-88.

Page 176, texte allemand, planche « pag. 177 », figures 89-90.

Pour la planche paginée « pag. 177 », pag. 177 est gravé dans l'intérieur du trait carré de la fig. 89 en haut à droite.

Page 178, texte allemand, planche « pag. 179 », figures 91-92.

Page 180, texte allemand, planche « pag. 180 », figures 93-94.

Page 184, texte allemand, planche « pag. 185 », figures 97-98.

Page 188, texte allemand, planche « pag. 188 », figures 99-100.

Page 190, texte allemand, planche « pag. 190 », figures 101-102.

Pour la planche paginée : « pag. 190 », pag. 190 est gravé dans l'intérieur du trait carré de la fig. 101 en haut à droite.

Aux pages 190 et 191 (textes al. et fr.) commence en bas de ces pages le livre 6°. A ces 2 pages le livre 6° est séparé du livre 5° par un ornement sur bois.

Page 196, texte allemand, planche « pag. 196 », figures 103 et 104.

Page 200, texte allemand, planche « pag. 200 », figures 105-106.

Page 202, texte allemand, planche « pag. 202 », figures 107-108.

Page 204, texte allemand, planche « pag. 204 », figures 109-110.

Page 208, texte allemand, planche « pag. 208 » figures 111-112.

Page 210, texte allemand, planche « pag. 210 », figures 113-114.

Pour la planche paginée : « pag. 210 », pag. 210 est gravé dans l'intérieur du trait carré de la figure 113 en haut à droite.

Page 212, texte allemand, planche « pag. 212 », figures 115-116.

Pour la planche paginée : « pag. 212 », page 212 est gravé dans l'intérieur du trait carré de la figure 115 en haut à droite.

Dans l'exemplaire qu'il nous a été permis d'examiner, les pages 215-216-217-218 manquaient.

Anx pages 222 et 223 (textes al. et fr.) commence || Troisième partie || livre premier ||.

Entre les pages 222 et 223 se trouve un troisième frontispice. Ce frontispice est paginé à droite au-dessus d'un triple trait carré : « pag. 242 ».

Au-dessous du frontispice se trouve une tablette blanche faite aussi d'un triple trait carré.

Dans cette tablette blanche est gravé (texte français d'abord, texte allemand dessous) : || Troisième Partie ||.

Hauteur du frontispice de tr. carré à tr. carré sans la tablette blanche 125 millimètres.

Largeur 75 millimètres.

Hauteur de la tablette blanche 15 millimètres.

Description de ce 3ᵉ Frontispice.

Au dernier plan se trouve une cour entourée de monuments.

Au premier plan, 4 marches sur le haut desquelles à gauche des personnages en costumes romains regardent un homme assis à droite auprès d'une table devant un rideau. Cet homme leur montre des animaux dessinés sur un papier qu'il tient de sa main gauche et il leur indique de sa main droite leur position sur le papier.

Pages 224, texte allemand, planche « pag. 227 », figures 119-120.

Page 234, texte allemand, planche « pag. 234 », figures 123-124.

Page 238, texte allemand, planche « pag. 239 », figures 125-126.

Page 248, texte allemand, planche « pag. 247 », figures 129-130.

Page 252, texte allemand, planche « pag. 253 », figures 131-132.

Page 258, texte allemand, planche « pag. 254 », figures 133-134.

Page 262, texte allemand, planche « pag. 262 », figures 135-136.

Aux pages 266 et 267 (textes all. et fr.) commence le livre second.

Page 270, texte allemand, planche « pag. 272 », figures 137-138.

Page 274, texte allemand, planche « pag. 275 », figures 139-140.

Page 278, texte allemand, planche « pag. 270 », figures 141-142.

Page 282, texte allemand, planche « pag. 283 », figures 143-144.

Page 286, texte allemand, planche « pag. 287 », figures 145-146.

Page 292, texte allemand, planche « pag. 293 », figures 147-148.

Page 296, texte allemand, planche « pag. 297 », figures 149-150.

Page 302, texte allemand, planche « pag. 302 », figures 151-152.

Page 308, texte allemand, planche « pag. 308 », figures 153-154.

Page 312, texte allemand, planche « pag. 313 », figures 155-156.

Page 318, texte allemand, planche « pag. 319 », figures 157-158.

Page 320, texte allemand, planche « pag. 222 », figures 159-160.

Page 322, texte allemand, planche « pag. 227 », figures 161-162.

Page 326, texte allemand, planche « pag. 332 », figures 163-164.

Après la page 332 du texte allemand vient le 4ᵉ frontispice qui est paginé à droite en haut au-dessus du trait carré : « pag. 332 ».

Ce frontispice est entouré d'un triple trait carré. Au-dessous du frontispice se trouve une tablette blanche formée aussi par un triple trait carré. Dans cette tablette blanche est gravé (texte français d'abord, texte allemand dessous) : || Quatrième Partie || .

Ce frontispice a les mêmes mesures que le 3ᵉ frontispice.

Description du 4ᵉ frontispice.

Une femme ou un guerrier coiffé d'un casque (au premier plan) terrasse sous ses pieds le démon. Au 2ᵉ plan derrière le guerrier une sorte de tribune ou muraille sur laquelle se trouvent au milieu d'un paysage de nombreux personnages. Au milieu de ces personnages une femme à moitié couchée joue de la lyre. Au dernier plan une montagne de forme conique sur laquelle poussent des sapins. Au pied de la montagne une ville.

A la page 333 se trouve le texte français : Quatrième partie || livre troisième || fable 1ʳᵉ || au milieu de la page.

Pages 332 et 333 la 4ᵉ partie est séparée de la fin de la 3ᵉ par un ornement sur bois.

Page 338, texte allemand, planche « pag. 342 », figures 165-166.

Page 346, texte allemand, planche « pag. 346 », figures 167-168.

Page 350, texte allemand, planche « pag. 350 », figures 169-170.

Aux pages 378-379 (textes all. et fr.) commence le livre quatrième.

A partir de ce moment la pagination du texte allemand et celle des planches n'offrant rien de plus particulier que les précédentes nous n'en ferons pas mention pour ne pas rendre trop longue l'analyse de cette édition.

Au milieu des pages 416-417 (texte all. et fr.) commence le livre 5ᵉ. La page 417 (texte fr.) est paginée : 399. Le livre cinquième est séparé du livre 4ᵉ (textes all. et fr.) par un ornement sur bois.

Page 444 (texte all.) commence la cinquième partie : cette page est surmontée au milieu par :)o(entre deux petites rosaces sur bois.

Vient ensuite un 5ᵉ frontispice paginé à droite au-dessus du triple trait carré : « pag. 444 ». En haut dans l'intérieur du triple trait carré au milieu au-dessous est gravé : « Cinquième partie ». Au-dessous de ces mots se trouve le texte en allemand.

Description du cinquième frontispice.

Il a la même mesure que le 1ᵉʳ frontispice.

Ce frontispice est partagé en deux parties.

La partie supérieure représente un paysage dans lequel se trouvent trois groupes de personnages.

1ᵉʳ groupe à droite au 1ᵉʳ plan : trois femmes dansent en se tenant par la main et se tournant le dos.

2ᵉ groupe à gauche au 1ᵉʳ plan : des femmes jouent de la corne, une d'elles porte une corbeille sur la tête.

3ᵉ groupe au milieu 3ᵉ plan : quatre femmes dansent autour d'une colonne que surmonte la tête d'un satyre.

La partie inférieure du frontispice forme comme un cadre. Ce cadre est surmonté par une tête de cerf. A droite en haut du cadre, un hibou ; à droite en bas une panthère assise ; à gauche en haut du cadre un autre animal, à gauche en bas du cadre une panthère qui s'élance. L'ensemble du cadre est formé par des feuillages. Ce cadre entoure un sujet représentant Philémon et Baucis ! dans un paysage ; 2 personnages dont l'un a les mains et les bras élevés au-dessus de la tête ; ses cheveux sont changés ainsi que ses mains en feuillages. Le deuxième personnage qui a la tête entourée d'une auréole tient son arc devant lui et semble vouloir secourir le 1ᵉʳ personnage.

A la page 145 se trouve le texte français : Cinquième partie || Livre sixième ||.

Cette page est surmontée au milieu par :)o(, entre deux petites rosaces sur bois.

La dernière planche contenant la dernière figure des fables, plus un cul-de-lampe, presque de la même grandeur que les figures est paginée : « pag. 540 ».

Elle se trouve entre la page 566 du texte allemand et 567 du texte français ; la dernière figure des fables qui se trouve sur la partie supérieure de la planche est numérotée 235 ; elle représente : « le juge arbitre, l'hospitalier et le solitaire ».

Le cul-de-lampe qui se trouve au-dessous de cette figure est carré par le haut et légèrement ovale par le bas. Le milieu du cul-de-lampe représente la mer sur laquelle nage un dauphin qui porte sur son dos un homme qui joue de la lyre, au dernier plan dans le fond un navire. La partie inférieure ovale du cul-de-lampe est composée par deux cornes d'abondance desquelles sortent des feuillages formant cadre.

Ces cornes sont entourées de rubans.

La dernière page (texte allemand) est la page 569 — la dernière page (texte français) est la page 571. Le dernier mot de cette page est : « fin ».

Vient ensuite : « Tables des Fables » : ces mots sont surmontés d'un ornement sur bois. Elles tiennent 6 feuillets plus une page. Chaque page n'est pas paginée mais est surmontée au milieu de : (o) entre deux petites rosaces sur bois.

Les tables commencent d'abord par le texte français du 1er livre rangé par lettres alphabétiques, vient ensuite le texte allemand du 1er livre, puis le texte français du 2e, ainsi de suite.

Remarques sur l'ensemble de l'ouvrage.

Les fables suivantes n'ont pas de figures ; au moins dans l'exemplaire Dècle.

I. — La Cigale et la Fourmi.
II. — Le Corbeau et le Renard.
V. — Le Loup et le Chien, pages 4 et 5 du texte.
VI. — La Génisse, la Chèvre et la Brebis en société avec le Lion, pages 8 et 9 du texte.
XXII. — Le Chêne et le Roseau, pages 40 et 41 du texte.
I du 2e livre. — Contre ceux qui ont le goût difficile, pages 42 et 43 du texte.
I et II du 3e livre. — Le Meunier, son fils et l'Ane. Les Membres et l'Estomac.
I du livre 5e. — Bucheron et Mercure, pages 162 et 163 du texte.
XVI. — Le serpent et la lime.
XVII. — Le lièvre et la perdrix, pages 182 et 183 du texte.
XX. — La discorde, page 219 du texte.
XXI. — La Jeune veuve, page 221 du texte.

Troisième partie, Livre I.

IV. — Le Héron et la fille, page 231 du texte.
IX. — La laitière et Pot au lait, page 243 du texte.
X. — Le Curé et la mort, page 345 du texte.

Marquis DE GIRARDIN.

www.ingramcontent.com/pod-product-compliance
Lightning Source LLC
LaVergne TN
LVHW021959060526
838201LV00048B/1630